100

Glühwürmchen-
Momente

Helle Gedanken zur Guten Nacht

Illustrationen von Ela Smietanka

Francke

MONDSCHEIN

Leuchte wie ein helles Licht! Daran werden die Menschen
in deiner Nähe sehen, dass du Jesus lieb hast.

NACH MATTHÄUS 5,16

Hast du schon mal den Vollmond gesehen? Wenn der Mond groß und rund ist, ist es selbst mitten in der Nacht nicht richtig dunkel.

Aber wusstest du, dass der Mond gar kein eigenes Licht ausstrahlt? Während die Sonne ein brennender Stern ist, der aus sich heraus leuchtet, ist der Mond nur ein gigantischer Stein. Statt selbst zu leuchten, reflektiert der Mond das Licht der Sonne.

Die Bibel erzählt uns, dass wir Menschen so ähnlich sind wie der Mond. Erst wenn Jesus uns mit seiner Liebe »anstrahlt«, können wir diese Liebe an andere Menschen weitergeben. Er ist für uns wie die Sonne! Und wie der Mond können wir seine Liebe »abstrahlen« und damit anderen Menschen etwas Gutes tun. Wir können zum Beispiel jemandem ein schönes Bild malen oder mit einem anderen Kind spielen, das einsam ist und keine Freunde hat. Fällt dir noch etwas ein?

Lieber Gott, danke, dass du den Mond und die Sonne geschaffen hast, um Licht in die Welt zu bringen. Hilf mir, dass ich anderen Menschen deine Liebe zeigen kann.

Bring Licht ins Dunkel!

Wem könntest du morgen ein bisschen Liebe und Freundschaft schenken? Einem Freund, deiner Schwester, deinen Eltern ...?

CHAOS IM DUNKELN

Ohne Gott wäre es so, als würden wir immer
im Dunkeln umherirren und stolpern.

NACH SPRÜCHE 4,19

Was magst du am liebsten auf deinem Brot? Vielleicht Marmelade, Schokocreme oder Streichkäse? Könntest du dir dein Brot auch im Dunkeln machen? Wahrscheinlich nicht! Vermutlich gäbe es eine riesengroße Schmiererei. Das wäre ganz schön eklig!

Wenn wir unser Leben ohne Gott leben, ist das ein bisschen so, als würden wir im Dunkeln versuchen, uns ein Brot zu schmieren. Am Ende gibt es ganz schön viel Durcheinander! Doch Gott möchte uns helfen, das Chaos aufzuräumen, das wir angerichtet haben.

Stell dir vor, du warst gemein zu einem Freund und hast etwas Böses zu ihm gesagt. Dein Freund war traurig, vielleicht hat er sogar geweint. Du hast gemerkt, dass du dich falsch verhalten hast. Doch wie kannst du das wieder in Ordnung bringen?

Gott hilft dir, dich mit deinem Freund wieder zu vertragen. Wenn du ihn darum bittest, schenkt er dir den Mut, zu deinem Freund zu gehen und dich zu entschuldigen.

Lieber Gott, danke, dass du mir hilfst, das Chaos in meinem Leben zu beseitigen. Gib mir den Mut, meine Fehler zuzugeben und mich dafür zu entschuldigen.

Bring Licht ins Dunkel!

Gibt es einen Menschen, bei dem du dich für einen Fehler entschuldigen solltest? Dann nimm dir das gleich für morgen vor!

GUT FESTHALTEN!

Bleibe treu an der Seite von Gott, so wie du es bisher
auch getan hast, und halte dich an ihm fest.

NACH JOSUA 23,8

Wie schläfst du am besten ein? Liegst du auf dem Bauch oder
auf dem Rücken? Hast du dabei ein Kuscheltier im Arm?
Otter schlafen auf dem Rücken, während sie im Wasser treiben.

Und sie halten sich dabei fest an den Pfoten. Auf diese Weise bleiben die Otterfamilien auch beim Schlafen zusammen.

Noch viel näher ist Gott jeden Tag und jede Nacht bei dir. Er sorgt für dich und beschützt dich, sodass du beruhigt einschlafen kannst. Du kannst dich an ihm festhalten, wie sich das Otterkind an seinen Eltern festhält, damit es nicht weggetrieben wird.

An Gott festhalten kannst du dich, indem du immer mehr über ihn lernst, z. B. in einer Gemeinde, in der andere Menschen dir von Gott erzählen. Oder wenn du in der Bibel liest. Oder indem du mit Gott sprichst. Das nennt man »beten«. Du kannst die Gebete sprechen, die in diesem Buch stehen, oder du kannst Gott in deinen eigenen Worten all das sagen, was dich freut oder was dir Angst macht. Er hört dir immer zu – Tag und Nacht!

Lieber Gott, ich möchte mehr über dich lernen und mich an dir festhalten. Danke, dass du mich lieb hast und mir immer zuhörst!

Bring Licht ins Dunkel!

Du brauchst: Papier, Buntstifte

Mal ein Bild von den Dingen, die du Gott gerne sagen möchtest. Oder, wenn du schon schreiben kannst, schreib ihm einen Brief! Das ist auch eine Art Gebet.

DAS ZAHNPASTA-EXPERIMENT

So wie uns ein freundliches Wort freut, so kann uns
ein böses Wort verletzen und traurig machen.

NACH SPRÜCHE 15,4

Was passiert, wenn man auf eine Tube Zahnpasta drückt?
Natürlich – es kommt Zahnpasta raus. Aber was ist, wenn
du dich geirrt hast und es noch gar nicht Zeit zum Zähneputzen
ist? Wie kriegst du die Zahnpasta wieder in die Tube?

Worte sind ein bisschen so wie Zahnpasta. Solange sie in deinem Kopf sind, kann niemand sie hören. Aber wenn du sie erst einmal ausgesprochen hast, kannst du sie nicht wieder zurückholen.

Wenn wir nette Dinge sagen, helfen wir anderen Menschen. Aber wenn wir gemein sind und Dinge sagen, die andere Menschen traurig machen, dann richten wir mit unseren Worten großen Schaden an. Und dann wünschen wir uns oft, wir hätten diese Worte niemals laut ausgesprochen.

Wenn du wütend oder enttäuscht über jemanden bist, dann denke gut nach, bevor du etwas sagst. Aber wenn du jemandem etwas Nettes sagen willst, dann tu es auch!

Lieber Gott, bitte hilf mir, auf meine Worte aufzupassen. Ich will nichts sagen, was andere Menschen traurig macht.

Bring Licht ins Dunkel!

Kannst du dich an einen Moment erinnern, in dem du etwas gesagt hast, das dir später leidtat? Wenn du das nächste Mal in einer solchen Situation bist, dann nimm dir Zeit zum Nachdenken. Sprich ein kurzes Gebet und bitte Gott, dir die richtigen Worte zu schenken.

ICH SEHE DICH!

Du kannst von den Tieren vieles lernen. Schau dir nur die Vögel an oder die Fische im Meer. Hör zu, was sie dir sagen!

NACH HIOB 12,7–8

*A*utsch! Hast du dir nachts schon einmal den Fuß angestoßen, weil du kein Licht angemacht hattest? Gott hat uns Menschen so geschaffen, dass wir im Hellen am besten sehen können. Aber viele Tiere sehen auch in der Dunkelheit ganz hervorragend. Katzen beispielsweise haben eine besondere Schicht in ihren Augen, die das Licht reflektiert und ihnen hilft, im Dunkeln gut sehen zu können.

In der Schöpfung erkennen wir, dass Gott unglaublich viele unterschiedliche Dinge geschaffen hat. Er ist so kreativ! Wissenschaftler vermuten, dass es zwischen 5 bis 80 Millionen verschiedener Tierarten auf der Welt gibt – und wir kennen davon erst etwa eine Million (wobei das auch schon sehr, sehr viele sind). Wow!

Dazu kommen noch viele andere Dinge, die uns staunen lassen: ein leuchtender Regenbogen nach einem lauten Gewitter. Hauchzarte Schneeflocken; jede davon einzigartig. Blumen und Bäume, die nach einem kalten Winter wieder anfangen zu blühen. Das alles hat Gott erschaffen!

Lieber Gott, danke für deine wunderschöne Schöpfung. Du bist wirklich unglaublich kreativ!

Bring Licht ins Dunkel!

Gibt es eine Tierart, für die du dich besonders interessierst? Vielleicht kannst du dir in einer Bücherei ein Buch dazu ausleihen. Bitte einen Erwachsenen, dir dabei zu helfen.

HEISS UND KALT

Solange die Erde besteht, soll es immer Kälte und Hitze, Sommer und Winter, Tag und Nacht geben.

NACH 1. MOSE 8,22

Brrr! Wenn die Sonne abends untergeht, kann es ganz schön kühl werden. In der Wüste Gobi beispielsweise fällt die Temperatur von heißen plus 38 Grad am Tag auf kalte bis zu minus 3 Grad in der Nacht.

Gott hat den täglichen Zyklus aus Sonnenlicht und Dunkelheit geschaffen. Schon in den ersten Geschichten in der Bibel lesen wir, dass er abends gerne spazieren ging und seine Freunde Adam und Eva, die ersten Menschen auf dieser Welt, in einem besonders schönen Garten traf.

Leider taten Adam und Eva Dinge, die Gott traurig machten, sodass ihre Freundschaft darunter litt. Alle Menschen – auch wir – tun immer wieder Sachen, die nicht richtig sind. Doch weil Gott die Freundschaft zu uns so wichtig ist, hat er seinen Sohn Jesus auf die Erde geschickt. Er hat dafür gesorgt, dass wir trotzdem Gottes Freunde sein können.

Gott freut sich, wenn du dir Zeit nimmst, um ihn zu treffen! Du kannst ihm überall begegnen: in einer Kirche, im Garten oder in deinem Bett vor dem Einschlafen.

Lieber Gott, ich bin so froh, dass du mein Freund sein willst! Danke, dass ich dir alles erzählen kann.

Bring Licht ins Dunkel!

Manchmal hilft es uns, wenn wir uns zu einer festen Zeit mit Gott verabreden. Vielleicht morgens nach dem Aufstehen oder abends vor dem Schlafengehen.

IM RÜCKSPIEGEL

Gottes Liebe hat kein Ende. Seine Barmherzigkeit hört nie auf! Jeden Morgen schenkt er uns neu seine Freundlichkeit.

NACH KLAGELIEDER 3,22–23

Wahrscheinlich hast du heute beim Zähneputzen oder Haarekämmen in den Spiegel geschaut. Was hast du gesehen? Wenn der Spiegel groß genug war, hast du nicht nur dein Gesicht gesehen, sondern auch die Dinge hinter dir: ein Fenster; die Zimmerwand; deine Schwester, die hinter dir gestanden hat, ...

Tatsächlich ist das der Grund, aus dem es in Autos Rückspiegel gibt: Sie helfen dem Fahrer, die Situation hinter sich im Blick zu behalten und richtig zu reagieren, z. B. wenn ein anderes Auto überholen will.

Stell dir vor, du betrachtest den Tag heute im Rückspiegel. Was ist passiert? Kannst du fünf schöne Dinge aufzählen, über die du dich gefreut hast? Gab es auch etwas, das dich traurig gemacht hat?

Gott interessiert sich für das, was heute war. Du kannst ihm abends alles erzählen! Bitte ihn für das, was nicht so schön war, und danke ihm für die Dinge, die schön waren oder gut geklappt haben. Und ganz egal, was heute passiert ist: Morgen beginnt ein neuer Tag voller Abenteuer. Und Gott ist immer mit dabei!

Lieber Gott, danke, dass du heute bei mir warst. Danke für _____. Bitte hilf mir mit _____!

Bring Licht ins Dunkel!

Worauf freust du dich morgen?
Welches Abenteuer erwartet dich?

GESCHICHTENERZÄHLER

Und Jesus erzählte noch eine Geschichte ...

NACH MATTHÄUS 22,1

Hast du eine Lieblingsgeschichte? Wenn ja, warum gefällt sie dir so gut?

Geschichten können aufregend, spannend, lustig oder einfach nur schön sein. Man kann sie sich meistens gut merken und sich alles richtig toll vorstellen. Das ist ein Grund, warum Jesus den Menschen so viele Geschichten erzählt hat. Er wusste, dass sie das, was er ihnen erklären wollte, dann besser verstehen konnten. Glücklicherweise sind viele seiner Geschichten in der Bibel aufgeschrieben, sodass wir sie heute noch lesen können.

Eines Tages erzählte Jesus drei Geschichten. Eine handelte von einem Mann, der überall verzweifelt nach einem Schaf suchte, bis er es endlich gefunden hatte. Die nächste handelte von einer Frau, die sich freute, als sie ein verlorenes Geldstück wiederfand. Und dann erzählte Jesus noch von einem Vater, der ein riesengroßes Fest feierte, als sein davongelaufener Sohn wieder nach Hause kam.

Mit diesen Geschichten wollte Jesus den Menschen, die ihm zuhörten, erklären, dass Gott sich riesig freut, wenn Menschen beschließen, dass sie künftig sein Freund sein wollen. Und weißt du, was das Beste ist? Das gilt auch heute noch!

Lieber Gott, danke für die Geschichten, die in der Bibel stehen. Danke, dass ich ganz viel daraus über dich lernen kann.

Bring Licht ins Dunkel!

Kennst du noch eine andere Geschichte von Jesus? Erzähl sie demjenigen, der dich ins Bett bringt!

ERSTER!

Es ist nicht so wichtig, mit welcher Begabung
sich jeder einbringen kann. Das Wichtigste ist
Gott, der uns seinen Segen schenkt.

NACH 1. KORINTHER 3,1

In der Nacht rollen sich Geparden zum Schlafen auf Bäumen
zusammen. Sie sind am Ende eines Tages fix und fertig, weil
sie – im Gegensatz zu anderen Raubkatzen – tagsüber jagen.
Und wenn sie ihre Beute verfolgen, können Geparden mit einer

Geschwindigkeit von über 110 Kilometer pro Stunde flitzen. Das ist fast so schnell wie ein Auto!

Doch nicht immer bekommt der schnellste Gepard die Belohnung, also die Beute. Bei der Jagd sind auch andere Dinge gefragt: Geschick, Konzentration oder die Fähigkeit, sich leise anschleichen zu können.

Bist du manchmal neidisch auf andere Kinder, die etwas besser können als du? Fußball spielen, basteln, klettern oder singen? Vielleicht bist du deswegen richtig traurig. Doch ich bin mir sicher, dass es auch etwas gibt, das du besonders gut kannst! Überleg doch mal, was das ist.

Gott hat jeden Menschen einzigartig geschaffen. Und er freut sich, wenn wir anderen Menschen mit dem, was wir gut können, helfen oder eine Freude machen.

Lieber Gott, manchmal bin ich neidisch auf _____. Danke, dass du mich so geschaffen hast, wie ich bin, und dass ich das besonders gut kann: _____!

Bring Licht ins Dunkel!

Was kannst du besonders gut?
Und wem könntest du damit
morgen eine Freude machen?

EIN THRON AUS KISSEN

Gott, unser guter König, sitzt auf einem Thron.
Wir dürfen, wenn wir Hilfe brauchen,
jederzeit zu ihm kommen. Er schenkt uns seine Liebe.

NACH HEBRÄER 4,1

Hol dir ein paar Kissen und staple sie zu einem großen Berg auf deinem Bett. Nimm deine flauschige Lieblingsdecke und leg sie auf den Kissenhaufen. Und dann stell dir Folgendes vor:

Du bist in einem wunderschönen Palast. Dein Bett ist ein riesengroßer Thron. Auf diesem Thron sitzt Gott, unser himmlischer Vater. Gott lächelt dir zu und nimmt dich in seine Arme. Dort bist du ganz und gar geborgen. Was möchtest du ihm jetzt sagen?

Gott möchte mit dir reden. Obwohl er der mächtige König der ganzen Welt ist, freut er sich, wenn seine Kinder zu seinem Thron kommen und mit ihm reden. Er ist nie zu beschäftigt! Klettere auf deinen Kissenthron und stell dir vor, dass Gott dich in seine Arme nimmt. Erzähl ihm einfach alles, was dich beschäftigt.

Lieber Gott, du bist der König der ganzen Welt! Ich bin so froh, dass ich dein Kind bin. Danke, dass du mir immer zuhörst.

Bring Licht ins Dunkel!

Stell dir morgen immer mal wieder vor, dass du auf deinem Kissenthron sitzt und Gott dich in seine Arme schließt. Achte darauf, ob sich dadurch etwas in dir verändert.

11

IN DER RICHTIGEN SPUR BLEIBEN

Dein Wort ist wie ein Licht für meinen Weg.

NACH PSALM 119,105

Hup-huuuup! Hast du schon mal nachts einen Zug hupen gehört?

Während wir schlafen, durchqueren viele Züge das Land. In einer Nacht schafft ein Zug viele Hundert Kilometer! Wichtig dafür ist aber, dass die Schienen, auf denen er fährt, stabil und

sicher sind. Selbst in der Kurve verliert ein Zug nicht seinen Kurs, weil die Räder fest auf den Schienen fahren.

Gottes Wort, die Bibel, will wie so eine Schiene für dich sein. In der Bibel stehen viele gute Tipps für unser Leben. Darin steht zum Beispiel, wie wir mit anderen Menschen umgehen sollen, was im Leben wichtig ist und, vor allem: dass Gott uns sehr liebt und uns all das vergibt, was wir falsch gemacht haben. Das nennt die Bibel »Sünde«. Das ist ein bisschen so, als wäre unser Zug von der Schiene abgekommen. Aber Gott setzt uns wieder auf den richtigen Kurs zurück. Manchmal helfen dabei andere Menschen, die uns von Gott erzählen und viele Dinge erklären können. Kennst du so jemanden?

Lieber Gott, danke für dein Wort, die Bibel. Ich verstehe darin noch nicht alles, aber danke, dass du mir Menschen schenkst, die mir vieles erklären können.

Bring Licht ins Dunkel!

Kennst du einen Menschen, der dir von Gott erzählt oder aus der Bibel oder aus diesem Andachtsbuch vorliest? Sag ihm oder ihr einfach mal »Danke!« dafür! Du kannst auch ein Bild von einem Zug malen.

HMMM ... WIE DAS DUFTET!

Wenn wir an Jesus glauben, sind wir für die Menschen in unserer Nähe etwas Gutes, so wie ein wohlriechender Duft.

NACH 2. KORINTHER 2,15

Welche Gerüche magst du beim Schlafengehen besonders gern? Zahnpasta oder Seife? Frische Bettwäsche? Der Geruch deines Lieblingskuscheltiers?

Wenn du Erwachsene nach ihren Kindheitserinnerungen fragst, sind damit oft besondere Gerüche verbunden. Sie erzählen zum Beispiel von einem Parfüm, das ihre Mama benutzt hat, oder von dem Lieblingskuchen, den die Oma gebacken hat. Das heißt, dass unser Geruchssinn uns ganz besonders intensive Eindrücke vermittelt und sich tief ins Gedächtnis einprägt.

In der Bibel gibt es einen lustigen Vers. Darin heißt es, dass wir, wenn wir an Gott glauben, auch so etwas wie ein guter Geruch für andere Menschen sind. Stell dir das mal vor! Damit ist nicht gemeint, dass wir immer besonders viel Parfüm benutzen sollen. Sondern dass es den anderen auffällt, wenn wir freundlich zu ihnen sind oder ihnen helfen. Das tun wir, weil wir Gott lieb haben und wissen, dass er sich über uns freut.

Lieber Gott, vielen Dank für meine Sinne, mit denen ich Dinge besonders gut und intensiv wahrnehmen kann. Danke, dass du unsere Welt so abwechslungsreich gemacht hast!

Bring Licht ins Dunkel!

Wenn wir nichts sehen können, nehmen wir Gerüche noch viel besser wahr. Lass dir die Augen verbinden und schnüffele dann an verschiedenen Dingen: Shampoo, Essig, Kaffee ... Merkst du den Unterschied?

ALLES GUT!

Gott betrachtete das, was er gemacht hatte –
und wirklich alles war sehr gut geworden.

NACH 1. MOSE 1,31

Bzzzz ... bzzzz ... bzzzz ...

Kennst du das? Du willst gerade einschlafen, da summt was um dich herum. Meistens direkt neben deinem Ohr! Und plötzlich – autsch! Etwas hat dich gestochen!

Du hast es erraten: Eine Mücke hat sich in dein Zimmer geschlichen. So ein lästiges Insekt! Das sagen jedenfalls wir Menschen. Wir können nicht verstehen, warum Gott auch so blutrünstige kleine Viecher erschaffen hat, die uns nerven und juckende Stiche zufügen.

Aber sind Mücken wirklich nur dazu da, um uns zu ärgern? Nein! Mücken sind für Vögel und andere Tiere eine wichtige Nahrungsquelle. Deshalb wäre es sehr schlecht, wenn es plötzlich keine Mücken mehr gäbe, denn dann fehlte diesen Tieren das Futter. Dann könnten auch sie nicht weiterleben.

Gott hat alles wunderbar eingerichtet. Auch das kleinste Lebewesen hat einen Platz und eine Aufgabe in seiner Schöpfung. Deshalb ist es so wichtig, darauf zu achten, dass es allen Geschöpfen gut geht. Also: Wenn du das nächste Mal eine Mücke totschlagen willst, mach doch lieber das Fenster auf und lass sie wegfliegen.

Lieber Gott, danke für deine wunderbare Schöpfung. Hilf mir, darauf zu achten, dass es Menschen, Tieren und Pflanzen gut geht!

Bring Licht ins Dunkel!

Jeder kann etwas tun, um die Natur zu schützen – nicht nur Erwachsene! Fällt dir etwas ein, das du morgen dafür tun kannst?

14

EINE ELEFANTENUMARMUNG

Jesus nahm die Kinder in seine Arme und segnete sie.

NACH MARKUS 10,16

Wusstest du, dass Elefanten ihren Rüssel nutzen, um sich zu umarmen und einander festzuhalten? Elefanten-Eltern knuddeln ihre Kleinen mit ihrem Rüssel. Durch diese Berührungen zeigen sich die Elefanten gegenseitig, dass sie einander wichtig sind.

Auch wir Menschen umarmen gerne diejenigen, die wir lieb haben. So hat es auch Jesus getan. Eines Tages wollten einige Kinder zu ihm kommen. Doch andere Erwachsene – Freunde von Jesus – schickten die Kinder weg. »Stört Jesus nicht!« Aber Jesus rief die Kinder wieder zu sich. Er schimpfte sogar mit seinen Freunden, weil sie die Kinder weggeschickt hatten. Jesus hat Kinder sehr lieb! Das gilt auch heute noch!

Heute kann Jesus uns nicht mehr umarmen, weil er wieder bei seinem himmlischen Vater ist. Zumindest nicht mit den Armen. Aber manchmal fühlt sich etwas fast wie eine Umarmung von Jesus an: ein Sonnenstrahl, der deine Nase kitzelt; ein Lied über Gott, das dich ganz glücklich macht; ein Lob von jemandem, der dir ganz besonders wichtig ist … Hast du so etwas auch schon einmal erlebt?

**Lieber Gott, danke, dass du uns
Kinder besonders lieb hast!**

Bring Licht ins Dunkel!

Achte in den nächsten Tagen
mal besonders darauf, ob Jesus
dir durch irgendetwas eine
kleine Umarmung schenkt!

15

KUSCHELIGE, WARME GEDANKEN

Es ist sehr wichtig, dass du auf deine Gedanken
achtest. Sie beeinflussen dein Verhalten.

NACH SPRÜCHE 4,23

Gehst du gerne ins Bett oder eher nicht? Freust du dich auf deine Kuscheltiere und dein Lieblings-Sterne-Kissen oder ärgerst du dich, dass du nicht mehr Fernsehen schauen oder spielen darfst?

Unsere Gedanken haben Kraft. Sie können unser Verhalten beeinflussen. Wenn wir uns über etwas ärgern, werden wir unfreundlich und trotzig. Wenn wir uns über oder auf etwas freuen, sind wir glücklich. Deswegen ist es gut, sich mit Dingen zu beschäftigen, die uns fröhliche und schöne Gedanken schenken.

In der Bibel findest du viele Geschichten, die davon erzählen, dass Gott uns Menschen lieb hat und uns einzigartig erschaffen hat. Das ist doch eine tolle Vorstellung, oder? Füll deinen Kopf mit Gedanken, die so kuschelig sind wie dein Teddybär, so weich wie dein Kissen und so hell wie dein Nachtlicht.

Lieber Gott, ich danke dir für viele schöne Dinge oder Erlebnisse in meinem Leben.

Bring Licht ins Dunkel!

Es ist eine gute Angewohnheit, wenn du dir abends vor dem Schlafengehen Gedanken darüber machst, was heute gut war oder worauf du dich morgen freust. Schöne, kuschelige Gedanken helfen dir, zur Ruhe zu kommen und einzuschlafen.

STANDHAFT WIE EIN FLAMINGO

Gott schenkt uns den Mut, um standhaft zu ihm zu halten.

NACH RÖMER 15,5

Könntest du schlafen, wenn du die ganze Nacht nur auf einem Bein stehen dürftest? Sicher nicht! Du würdest umkippen. Aber Flamingos schlafen so – im Stehen auf einem Bein, das andere an ihren Bauch gekuschelt.

In der Bibel ist auch die Rede davon, dass wir »standhaft« bleiben sollen. Damit ist nicht gemeint, dass wir unseren Gleichgewichtssinn trainieren, damit wir wie ein Flamingo schlafen können! Es geht darum, dass wir treu zu Gott halten, auch wenn andere Menschen uns das ausreden wollen oder uns deswegen auslachen. Aber das Gute ist: Gott ist dabei immer an unserer Seite. Er freut sich, wenn wir seine Freunde sind, und hilft uns dabei, nicht im Glauben »umzukippen«.

**Lieber Gott, bitte gib mir deine Kraft!
Ich möchte treu zu dir halten.**

Bring Licht ins Dunkel!

Gibt es Kinder, die dich dazu bringen wollen, etwas Falsches zu tun? Wie kannst du in einer solchen Situation richtig reagieren?

WIE GEHT'S WEITER ...?

Gott sagt: Mein Plan mit euch steht fest. Ich schenke euch
neue Hoffnung. Darauf könnt ihr euch verlassen!

NACH JEREMIA 29,11

Das ist wirklich gemein! Die Geschichte war gerade soooo spannend – und plötzlich heißt es: »Genug für heute. Morgen lesen wir weiter.« Dabei würdest du doch so gerne wissen, wie es weitergeht! Zu blöd, dass du ausgerechnet jetzt schlafen sollst.

Wir Menschen sind neugierig. Wir würden gerne wissen, wie es weitergeht. Nicht nur, wenn es um ein spannendes Buch oder eine Fernsehserie geht! Auch für unser eigenes Leben stellen wir uns oft die Frage, was noch kommen wird. Manchmal beschäftigt uns dieser Gedanke so sehr, dass wir uns viele Sorgen machen. Doch Gott verspricht: »Ich bin in jeder Situation in deinem Leben bei dir. Darauf kannst du dich verlassen! Ich gehe mit dir in deine Zukunft und schenke dir Hoffnung und Zuversicht.«

Lieber Gott, danke, dass du mit mir in die Zukunft gehst und immer an meiner Seite bist.

Bring Licht ins Dunkel!

Hast du dir schon mal überlegt, was du werden möchtest, wenn du erwachsen bist? Es gibt so viele spannende Berufe! Frag deine Eltern oder andere Erwachsene, welchen Beruf sie haben.

EIN SICHERER ORT

Gott, du bist für mich wie ein sicherer Zufluchtsort.
Du bist mein Beschützer und mein Helfer.

NACH PSALM 18,3

Hast du dir in deinem Bett schon einmal aus Decken und Kissen eine Höhle gebaut? Dann hatte dein Bett bestimmt Ähnlichkeit mit einer Fuchshöhle. Eine solche Höhle ist wie ein gemütlicher Tunnel unter der Erde. Sie hält die Kälte fern und

schützt die Füchse vor Gefahren. Um zu schlafen, rollen sie sich in ihrem Bau zu einem großen Ball zusammen.

Manchmal haben wir vor irgendetwas Angst oder sind traurig. Dann würden wir uns am liebsten auch in unserer Höhle – nein, in unserem Bett verkriechen und die Decke über den Kopf ziehen. Aber das geht leider nicht, wenn wir gerade im Kindergarten oder in der Schule sind!

Doch weißt du, an welchen Zufluchtsort wir immer gehen können, ganz egal, wo wir uns gerade aufhalten? Zu Gott! In der Bibel steht, dass Gott wie eine Zuflucht für uns ist. Zu ihm können wir jederzeit beten, wenn wir Angst und Sorgen haben. Er beschützt uns und hilft uns.

Lieber Gott, ich fühle mich sicher, weil ich weiß, dass du mein Beschützer bist. Ich muss mich nicht vor ＿＿＿＿＿＿＿ fürchten. Danke, dass du immer bei mir bist!

Bring Licht ins Dunkel!

Jetzt kannst du aber Fuchs spielen und dich in deine gemütliche Betthöhle kuscheln! Wenn du gleich im Bett liegst, denk daran, dass Gott immer bei dir ist und dich in seine Liebe einhüllt, so wie die Bettdecke deinen Körper umschließt. Gute Nacht!

STÜRMISCHE WELLEN

Jesus befahl dem Sturm: »Hör auf! Sei still!« Sofort
hörte der Wind auf und es wurde ganz ruhig.

NACH MARKUS 4,39

Bist du gerade frisch gebadet? Vielleicht hast du schon mal wie das Kind auf dem Bild mit kleinen Booten in der Badewanne gespielt. Was macht am meisten Spaß? Genau – richtig große Wellen machen, bis die Boote umkippen!

In der Bibel gibt es auch eine Geschichte von großen Wellen.

Jesus, Gottes Sohn, und seine Freunde waren mit einem Boot auf einem See unterwegs, als plötzlich ein heftiger Sturm losbrach. Die Freunde von Jesus hatten schreckliche Angst! Doch Jesus befahl dem Sturm aufzuhören – und es geschah. Alles wurde wieder ruhig.

Manchmal haben wir im Leben auch das Gefühl, in einen schlimmen Sturm zu geraten. Es gibt Dinge, die uns bedrohen und uns Angst machen. Aber so, wie Jesus bei seinen Freunden im Boot war, ist er auch bei uns, auch wenn wir ihn nicht sehen können. Er beschützt uns, dass wir sicher durch den Sturm kommen. Vertrau ihm!

Lieber Gott, _____ macht mir gerade Angst oder Sorgen. Hilf mir bitte, daran zu denken, dass du immer bei mir bist!

Bring Licht ins Dunkel!

Wenn du das nächste Mal in die Badewanne gehst, nimm ein paar Spielzeugboote mit. Aber pass auf, dass du mit deinem »Sturm« nicht das ganze Badezimmer unter Wasser setzt …

FAULTIERE

Jesus sagt: »Ich bin wie ein Weinstock, an dem ihr die Äste seid. Nur durch die Verbindung mit mir könnt ihr in eurem Leben Gutes tun.«

NACH JOHANNES 15,5

Wenn jemand weiß, wie man am besten schlafen kann, dann Faultiere! Sie hängen sich mit ihren langen Krallen an einen Ast und schlafen an manchen Tagen bis zu 20 Stunden.

Praktischerweise wachsen häufig Algen in ihrem Fell, die sie dann verspeisen können. Das heißt, sie müssen zum Essen noch nicht mal aufstehen. Und ihr Fell sieht durch die Algen fast so grün aus wie der Ast, an dem sie hängen. Sie sind gut vor ihren Feinden geschützt.

So wie die Faultiere sich an Ästen festklammern, sollen wir uns an Jesus festhalten. In der Bibel gibt es einen Vers, in dem Jesus sich selbst mit einem Weinstock vergleicht und sagt, dass wir wie seine »Äste« sind. Wir müssen mit ihm verbunden sein, um zu wachsen und Frucht zu bringen. Das ist ziemlich schwierig zu verstehen und hat nichts damit zu tun, dass dein Körper wächst. Sondern damit, dass du dich immer mehr so verhältst, wie Jesus sich verhalten würde.

Wenn du mit Jesus »verbunden« bist – wenn du z. B. mit ihm im Gebet sprichst – dann lernst du, ihm immer ähnlicher zu werden.

Lieber Gott, ich möchte gerne so leben, dass du dich über mich freust. Hilf mir, dir immer ähnlicher zu werden.

Bring Licht ins Dunkel!

Überleg dir: Was müsstest du an deinem Verhalten ändern, um ein bisschen mehr wie Jesus werden?

MIT LEICHTEM GEPÄCK UNTERWEGS

Alle, die eine schwere Last tragen, dürfen zu mir kommen! Ich schenke ihnen neue Kraft.

NACH MATTHÄUS 11,28

Bist du schon mal in den Urlaub gefahren oder hast woanders übernachtet? Bei einem Freund oder bei deiner Oma? Dann hast du bestimmt eine Tasche oder einen Koffer gepackt. Zahnbürste?

Check. Kleidung? Check. Lieblingskuscheltier? Check. Aber hast du auch einen riesigen Stapel Bücher, einen Rasenmäher oder eine Waschmaschine mitgenommen? Bestimmt nicht! Dein Koffer wäre viel zu schwer zum Tragen gewesen.

Jesus sagt, dass es viele Menschen gibt, die eine schwere Last mit sich herumschleppen. Damit meint er aber keine Koffer. Er redet davon, wie schwer es sich anfühlt, wenn wir uns um etwas Sorgen machen.

Hast du Sorgen, die für dich zu schwer sind? Dann darfst du das loswerden! Sprich mit einem Erwachsenen über das, was dich bedrückt, und sag es Gott im Gebet. Und vertrau darauf, dass er sich um deine schweren Lasten kümmert. Er ist stark genug für all deine Probleme.

Lieber Gott, manchmal mache ich mir Sorgen wegen _____. Bitte nimm mir dieses Problem ab. Ich vertraue darauf, dass du dich darum kümmern wirst.

Bring Licht ins Dunkel!

Hast du einen Freund oder eine Freundin, die sich wegen einer Sache große Sorgen machen? Dann ermutige ihn oder sie, mit einem Erwachsenen darüber zu sprechen. Und du kannst auch für ihn bzw. sie beten.

PINGUIN-KOLONIE

Wo sich zwei oder drei Menschen treffen, um miteinander zu beten, da ist Gott mit dabei.

NACH MATTHÄUS 18,20

Weißt du, wie Pinguine schlafen? Sie leben in großen Gruppen zusammen, den sogenannten »Pinguin-Kolonien«. Manche Pinguine schlafen im Wasser beim Schwimmen, aber andere Arten schlafen im Stehen an Land.

Pinguine sind schlau. Sie wissen, dass sie in der kalten Umgebung, in der sie leben, aufpassen müssen, dass sie nicht auskühlen. Deswegen wärmen sie sich beim Schlafen gegenseitig. Sie brauchen die anderen, um überleben zu können.

Auch wir Menschen brauchen einander. Stell dir vor, es gäbe niemanden, der dir hilft oder der dir etwas erklärt oder der Dinge für dich tut, für die du noch zu klein bist. Dann wärst du ziemlich hilflos, oder?

Und genau so, wie andere Menschen etwas für dich tun, kannst du auch etwas für andere Menschen tun. Vielleicht hast du kleinere Geschwister? Ihnen kannst du vieles zeigen, mit ihnen spielen und Lieder vorsingen. Oder du hilfst deinen Eltern, indem du die Spülmaschine mit ausräumst oder den Tisch deckst.

So hat sich Gott das vorgestellt: Keiner soll allein sein, sondern wir sollen uns umeinander kümmern. Wie gut, dass es so wunderbare Pinguine – upps, Menschen! – in deinem Leben gibt.

Lieber Gott, danke für die Menschen in meinem Leben, die für mich da sind, z. B. _____.

Bring Licht ins Dunkel!

Wem könntest du morgen helfen? Für wen kannst du morgen ein »Pinguin« sein?

STÜCK FÜR STÜCK

Das Kind Jesus wuchs und wurde immer größer und klüger ...

NACH LUKAS 2,40

Hast du heute versucht zu wachsen? Wahrscheinlich nicht! Aber beim Essen und Trinken, beim Spielen und Schlafen bist du ganz automatisch ein winziges bisschen größer geworden.

Wenn du dich im Spiegel beobachtest, kannst du nicht sehen, wie du wächst. Aber es passiert trotzdem. Du wächst nur so langsam, dass du es erst später merkst.

Aber nicht nur unser Körper wächst, sondern auch unser

Verstand. Babys können nicht viel – außer sehr laut schreien! Aber je größer wir werden, umso mehr lernen wir: laufen, sprechen, lesen, schreiben, Fußball oder Klavier spielen ...

Und es gibt noch eine Art, wie wir wachsen können. Wir Menschen haben nicht nur einen Körper und einen Verstand, sondern auch eine Seele. Damit meinen wir das, was uns im tiefsten Inneren ausmacht; unsere Gefühle und unsere Gedanken beispielsweise. Auch die können mit Gottes Hilfe wachsen! Während du betest, eine Geschichte aus der Bibel hörst oder etwas für andere Menschen tust, wirkt Gott in deiner Seele. So werden deine Gedanken und Gefühle denen von Gott mit der Zeit immer ähnlicher.

Lieber Gott, ich danke dir, dass du meinem Körper, meinem Verstand und meiner Seele beim Wachsen hilfst. Danke, dass du mich in allen Teilen so wunderbar geschaffen hast!

Bring Licht ins Dunkel!

Dein Körper wächst fast von allein, aber deinem Verstand und deiner Seele kannst du beim Wachsen helfen. Was könntest du morgen lernen? Was kannst du tun, damit es deiner Seele gut geht?

NACHTLICHT

Jesus sagt: »Ich bin wie ein helles Licht für die ganze Welt.
Wer sich an mich hält, der findet den Weg zum Leben.«

NACH JOHANNES 8,12

Wusstest du, dass manche Fische im Dunkeln leuchten? Anglerfische leben im tiefsten Ozean, wo es kein Licht gibt. Am Kopf des Weibchens wächst eine lange Wirbelsäule,

die wie eine Angel aussieht. An ihrem Ende ist ein kleiner leuchtender Ball, der die Dunkelheit wie ein Nachtlicht erhellt.

Hast du schon mal ohne Licht im Dunkeln versucht, ins Bad zu kommen? Autsch! Über wie viele Bauklötze oder Kuscheltiere bist du gestolpert?

Wenn du Jesus lieb hast, dann will er für dich wie ein helles Licht sein. Er hilft dir, in deinem Leben Dinge zu erkennen, die nicht gut sind. Er kann dich zum Beispiel davor bewahren, etwas Gemeines zu sagen, womit du deine Freundin traurig machen könntest. Oder er hilft dir, deinen Eltern die Wahrheit zu sagen, wenn du etwas kaputt gemacht hast.

Lieber Gott, danke, dass du wie ein helles Licht für mich bist. Bitte hilf mir, dass ich darauf achte, was du mir zeigen willst.

Bring Licht ins Dunkel!

Du brauchst: ein Nachtlicht

Mach in deinem Zimmer alle Lichter aus und zieh die Vorhänge fest zu oder lass die Rollläden herunter. Dann schalte ein kleines Nachtlicht an. Siehst du, was für ein Unterschied das macht? Schon ein kleines Licht erhellt ein dunkles Zimmer!

BLITZBLANK SAUBER!

Wenn wir Gott sagen, was wir falsch gemacht haben,
vergibt er uns. Er säubert uns von unseren Fehlern.

NACH 1. JOHANNES 1,9

Warst du schon mal so richtig, richtig dreckig? Von Kopf bis Fuß voller Schlamm? Wenn Schlamm antrocknet, klebt er so fest wie Kleber an der Haut. Iiiihh, wie eklig!

Wenn man richtig, richtig schmutzig ist, hilft nichts anderes als ein warmes Bad oder eine heiße Dusche. Nach ein paar Minuten im warmen Wasser lässt sich der klebrige Schmutz gut abwaschen.

Das ist ein guter Vergleich für Dinge, die wir in unserem Leben falsch gemacht haben. Die Bibel nennt diese Dinge »Sünde«. Sie kleben förmlich an uns und machen unsere Seele schmutzig. Aber Gott möchte uns wieder sauber machen. Wenn wir zu ihm beten und ihm sagen, was wir falsch gemacht haben, dann vergibt er uns das. Auf diese Weise wird unsere Seele wieder klar und sauber.

Lieber Gott, ich möchte dich um Vergebung
bitten, denn _____.
Danke, dass du mir vergibst.

Bring Licht ins Dunkel!

Gibt es etwas, das heute nicht
so gut gelaufen ist? Wie gut,
dass Gott dir alles vergibt!

AUF DEN KOPF GESTELLT!

Wer von euch der Größte und Wichtigste sein will,
der soll den anderen helfen und ihnen dienen.

NACH MATTHÄUS 23,11

Wusstest du, dass Seekühe unter Wasser schlafen – und das sogar kopfüber? Wirklich! Diese lustigen Geschöpfe, die übrigens nicht mit Kühen, sondern mit Elefanten verwandt sind, treiben beim Schlafen mit dem Kopf nach unten und der

Schwanzflosse nach oben im Wasser! Klingt irgendwie falsch herum, oder?

Jesus hat manche Dinge gesagt, die nach unseren Vorstellungen falsch herum sind. Normalerweise ist es doch so: Sehr wichtige Menschen werden von anderen bedient. Ein König muss nur einen Satz sagen, schon rennen seine Diener los, um seinen Befehl auszuführen.

Doch Jesus sagt: »Wenn ihr mich lieb habt und so leben wollt, wie ich es gut finde, dann sollen die größten und wichtigsten Menschen sich nicht bedienen lassen, sondern im Gegenteil: Sie sollen die anderen bedienen.«

Was heißt das – andere bedienen? Es heißt, dass wir auf die Menschen in unserer Nähe achten und uns fragen, was sie vielleicht brauchen können. Braucht deine Freundin eine feste Umarmung, weil sie traurig ist? Brauchen deine Eltern bei irgendetwas Hilfe? Braucht dein Haustier etwas zu fressen? Braucht dein kleiner Bruder jemanden, der ihm die Schuhe zubindet?

Lieber Gott, ich will die Dinge auch anders herum betrachten. Hilf mir, dass ich nicht nur an meine eigenen Wünsche denke, sondern auch überlege, was die Menschen in meiner Nähe brauchen.

Bring Licht ins Dunkel!

Wie kannst du morgen einen Menschen in deiner Nähe »bedienen«?

EIN KLUGER WUNSCH

Bitte Gott um Weisheit, wenn du eine schwierige
Entscheidung treffen musst. Er hilft dir gerne.

NACH JAKOBUS 1,5

Stell dir mal etwas vor: Wenn du morgen früh aufwachst, darfst du dir eine Sache wünschen — egal was. Und dieser Wunsch geht garantiert in Erfüllung! Was würdest du dir wünschen?

In der Bibel gibt es die Geschichte von König Salomo, dem genau das passiert ist. Gott hat ihm diese Frage gestellt. König Salomo hätte sich alles wünschen können: ein tolles Schloss, unglaublich viel Geld, Gesundheit, zu jeder Mahlzeit Schokoladeneis …

Doch Salomo hatte nur einen Wunsch: Er bat Gott um Weisheit. Was hat er damit gemeint? Wollte er alles wissen, damit er nie wieder etwas lernen musste und alle Tests so bestehen konnte?

Nein, Salomo meinte etwas anderes. Er wollte, dass Gott ihm half, gute Entscheidungen in seinem Leben zu treffen. Und darum dürfen auch wir Gott bitten. Er verspricht, dass er uns hilft, wenn wir ihn um seine Weisheit und seinen Rat bitten.

Lieber Gott, ich will in meinem Leben gute Entscheidungen treffen. Bitte mach mich so weise wie König Salomo!

Bring Licht ins Dunkel!

Bei welcher Entscheidung brauchst du Gottes Hilfe? Manchmal ist es auch klug, einen Erwachsenen um Rat zu fragen.

WUNDERBAR ANDERS

Die Sonne leuchtet anders als der Mond und die Sterne. Sogar untereinander sind die Sterne sehr verschieden.

NACH 1. KORINTHER 15,41

In der Milchstraße gibt es bis zu 200 Milliarden Sterne. So ganz genau weiß das niemand, aber diese Zahl haben Wissenschaftler geschätzt. Das sieht so aus: 200 000 000 000. Wow! Gott hat jeden Stern erschaffen und sie alle unterschiedlich gemacht. Zwei

Sterne können komplett unterschiedlich aussehen, sind aber beide trotzdem wunderschön. Genauso ist es auch bei uns Menschen.

Aber manchmal wünschen wir uns, dass alle so sind wie wir. Es ist leichter, wenn unsere Freunde die gleichen Dinge mögen wie wir selbst. Wenn du malen möchtest, deine Freundin aber lieber Fangen spielen würde, müsst ihr versuchen, euch zu einigen. Das nennt man »einen Kompromiss finden«. Das heißt aber nicht, dass einer von euch unrecht hat oder etwas falsch macht.

Wenn du mit deiner Freundin oder deinem Freund das nächste Mal nicht einer Meinung bist, dann erinnere dich daran, dass Gott euch beide toll findet. Ihr seid beide wunderbar anders!

Lieber Gott, bitte hilf mir, geduldig und freundlich zu sein, wenn Menschen anders sind als ich.

Bring Licht ins Dunkel!

Du brauchst: Papier, Stifte, Schere, evtl. Dekomaterial zum Aufkleben

Mal einen Stern auf ein Stück Papier und schneide ihn aus. In die Mitte kannst du deinen Namen schreiben (oder einen Erwachsenen bitten, das für dich zu tun). Dann kannst du den Stern bemalen, bekleben oder anders verzieren, so wie es dir gefällt. Dein Stern wird einzigartig!

HUHUUU – KANNST DU MICH VERSTEHEN?

Gott möchte, dass wir fremde Menschen gastfreundlich
bei uns aufnehmen und helfen, wo es uns möglich ist.

NACH JESAJA 58,7

Wenn es dunkel ist, sitzen Eulen hoch oben im Baum und rufen sich gegenseitig etwas zu. Kannst du verstehen, worüber sie sich unterhalten? Wir Menschen verstehen nur ein lang gezogenes »Huhuuuu«, aber eine andere Eule weiß ganz genau, was damit gemeint ist.

Leider ist es nicht nur bei Tieren so, dass wir sie nicht verstehen, sondern auch bei manchen anderen Menschen. Es gibt so viele verschiedene Sprachen auf der Welt! Vielleicht gibt es auch in deinem Kindergarten oder in deiner Schule Kinder, die eine andere Sprache sprechen und mit denen du dich nicht unterhalten kannst. Wie schade! Und wie einsam müssen sie sich fühlen, wenn niemand mit ihnen sprechen kann.

Gott freut sich, wenn wir uns um diese Menschen besonders gut kümmern. Soll ich dir was verraten? Zusammen spielen funktioniert sogar dann, wenn man nicht dieselbe Sprache spricht! Und wenn ihr euch gegenseitig ein paar Worte in eurer Sprache beibringt, dann könnt ihr bald sogar miteinander reden.

Lieber Gott, bitte zeig mir, zu welchen Menschen ich gastfreundlich sein kann.

Bring Licht ins Dunkel!

Möchtest du ein paar fremde Begriffe lernen? Dann frag deine Eltern oder Großeltern oder andere Erwachsene. Bestimmt können sie dir sagen, was z. B. »Guten Morgen!« auf Englisch, Französisch, Spanisch, Russisch oder in einer anderen Sprache heißt.

30

EIN LIED FÜR GOTT

Für dich will ich singen und musizieren, denn bei dir,
Gott, bin ich geborgen. Du bist so gut zu mir!

NACH PSALM 59,18

Bist du schon einmal eingeschlafen, während jemand für dich ein Lied gesungen hat? Ein ruhiges Schlaflied kann dir helfen, zur Ruhe zu kommen und zu entspannen.

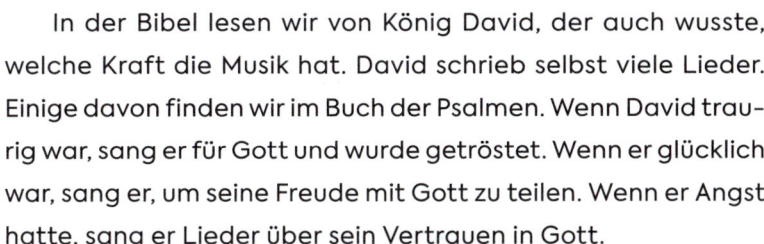

In der Bibel lesen wir von König David, der auch wusste, welche Kraft die Musik hat. David schrieb selbst viele Lieder. Einige davon finden wir im Buch der Psalmen. Wenn David traurig war, sang er für Gott und wurde getröstet. Wenn er glücklich war, sang er, um seine Freude mit Gott zu teilen. Wenn er Angst hatte, sang er Lieder über sein Vertrauen in Gott.

Für Gott ein Lied zu singen, ist auch eine Art, um mit ihm zu reden. Gott hat uns die Musik geschenkt, damit wir uns darüber freuen können und damit unser Herz ruhig wird. Und weißt du was? Gott ist es egal, ob du jeden Ton genau triffst. Er freut sich immer über ein Lied von dir, auch wenn es ein bisschen schief klingt!

Lieber Gott, danke, dass du uns die Musik geschenkt hast und dass du dir mein Lied immer anhörst, egal ob es fröhlich oder traurig ist.

Bring Licht ins Dunkel!

Denk dir ein eigenes Lied für Gott aus!
Du kannst es ihm vorsingen, wenn du
abends im Bett liegst. Darin kannst
du ihm erzählen, wie es dir geht und
was du an diesem Tag erlebt hast.

AUFGEPASST!

Wer Ohren hat, soll gut zuhören und aufpassen!

NACH MATTHÄUS 11,15

In der Nacht scheint alles still zu sein. Fernseher und Computer sind ausgeschaltet. Keiner redet oder lacht. Sogar deine Haustiere haben sich beruhigt und schlafen.

Aber nicht alles ist still in der Nacht. Pass mal genau auf. Was kannst du hören? Vermutlich nimmst du Geräusche wahr, die du

nicht erwartet hast – vielleicht sogar welche, die dir noch nie aufgefallen sind. Du hast sie nur deshalb gehört, weil du gerade gut aufgepasst hast.

Es ist nicht einfach, das zu hören, was Gott dir sagen möchte. Denn er redet ja nicht zu uns wie ein anderer Mensch! Aber wenn du gut aufpasst, dann wirst du verstehen, was er dir sagen will. Wenn du betest und Geschichten von ihm hörst, wenn du auf die leise Stimme in deinem Herzen hörst oder andere Menschen um Rat fragst, wirst du verstehen, was er dir sagen möchte.

Lieber Gott, es ist nicht leicht, deine Stimme zu hören! Doch ich möchte gerne das tun, was dir gefällt. Bitte hilf mir zu verstehen, was du mir sagen willst.

Bring Licht ins Dunkel!

Eine Möglichkeit, wie du dich immer und überall an Gott erinnern kannst, ist es, Bibelverse auswendig zu lernen. Das ist gar nicht schwer! Fang z. B. mit diesem hier an: »Von allen Seiten umgibst du mich und hältst deine schützende Hand über mir.« (Psalm 139,5)

32

LIEBE WEITERGEBEN

Vergiss nicht, dass du auch mit anderen teilen kannst. Darüber freut sich Gott sehr!

NACH HEBRÄER 13,16

Manchmal ist es ganz gut, wenn abends das Licht ausgemacht wird und niemand mehr die Unordnung in deinem Kinderzimmer sehen kann! Habe ich recht?

Es gibt viele Kinder, die unglaublich viele schöne Spielsachen, Kuscheltiere und Bücher haben. Das ist wirklich toll und ein

Grund zum Freuen! Doch es gibt leider auch Kinder, die nicht so viel haben. Vielleicht können ihre Eltern ihnen nicht viel schenken, weil das Geld sehr knapp ist. Oder es sind Kinder, die ihr Zuhause plötzlich verlassen mussten und nicht viel mitnehmen konnten.

Gott freut sich, wenn wir das, was wir haben, mit anderen teilen. Du kannst z. B. deinen Freunden ein Buch ausleihen oder sie einladen, dass ihr gemeinsam mit deinen Spielsachen spielt. Oder du »teilst« deine Zeit mit ihnen – du besuchst sie, wenn sie krank sind, oder hilfst ihnen, wenn sie Unterstützung brauchen.

Lieber Gott, danke, dass du so großzügig bist! Hilf mir, dass ich gerne mit anderen teile und großzügig sein kann.

Bring Licht ins Dunkel!

Vielleicht besitzt du etwas, das du weggeben kannst? Ein schönes T-Shirt, das dir zu klein geworden ist, oder eines von deinen vielen Kuscheltieren? Sicher gibt es auch in deiner Stadt eine Möglichkeit, gebrauchte Sachen zu spenden. Aber frag vorher unbedingt deine Eltern, ob du das tun darfst.

33

HERZLICH WILLKOMMEN!

Jesus sagt: »Versperrt den Kindern nicht
den Weg; lasst sie zu mir kommen!«

NACH MATTHÄUS 19,14

Was würde passieren, wenn du jetzt im Schlafanzug an die Tür deines besten Freundes klopfen würdest? Wäre jetzt ein guter Zeitpunkt zum Spielen?

Nein, seine Eltern würden dich nach Hause schicken und sagen, dass es höchste Zeit ist, dass ihr beide schlafen geht!

Selbst unter Freunden gibt es gute und schlechte Zeiten für einen Besuch. Aber bei Jesus ist das nicht so!

Als Jesus eines Tages predigte, brachten einige Eltern ihre Kinder zu ihm. Doch die Freunde von Jesus dachten, das sei jetzt ein ganz schlechter Moment, weil Jesus beschäftigt war. Sie schickten die Eltern und Kinder weg. Doch das wollte Jesus nicht. Er rief die Kinder zu sich und segnete sie.

Auch du bist Jesus sehr wichtig! Er freut sich, wenn du dich an ihn wendest – egal zu welcher Tages- oder Nachtzeit. Bei ihm bist du immer willkommen.

Lieber Gott, danke, dass ich immer zu dir kommen darf und dass du mir immer zuhörst.

Bring Licht ins Dunkel!

Hast du schon einmal bei einem Freund
oder einer Freundin übernachtet oder
sie zum Übernachten zu dir eingeladen?
Überleg dir, ob du dir das zutraust, und
frag deine Eltern, ob sie es erlauben.
Dann könnt ihr abends nämlich noch
im Schlafanzug zusammen spielen!

SO LECKER!

Ihr könnt sogar schmecken, wie gut Gott zu uns ist.

NACH PSALM 34,9

Was isst du am liebsten? Viele essen gerne süße Sachen: saftige Erdbeeren, reife Pfirsiche oder ein Stück Schokolade.

Andere mögen lieber etwas Salziges wie Chips oder Salzstangen. Und dann gibt es noch andere Geschmacksrichtungen, z. B. bittere Kräuter oder saure Zitronen.

Gott hat eine Welt voller leckerer Lebensmittel geschaffen und unsere Zunge so besonders gemacht, dass wir damit Geschmack empfinden können. Wenn eine Geschmacksknospe auf deiner Zunge einen Reiz bekommt, signalisiert sie dem Gehirn, was sie gerade schmeckt.

Gott freut sich, wenn wir die wunderbare Welt, die er geschaffen hat, genießen und ihm dafür danken. Wenn wir unser Lieblingsessen serviert bekommen, dann ist das eine Kostprobe von Gottes Liebe und Güte!

Lieber Gott, danke für das leckere Essen und für die Menschen, die es für mich zubereiten.

Bring Licht ins Dunkel!

Hinter jeder Mahlzeit, die wir essen, steckt viel Arbeit. Hilfst du ab und zu in der Küche? Frag einen Erwachsenen, ob ihr zusammen etwas kochen oder backen könnt.

35

TOLL GEMACHT

Herr, ich danke dir dafür, dass du mich so
wunderbar und einzigartig gemacht hast!

NACH PSALM 139,14

Machst du manchmal wochenlang Mittagsschlaf? Natürlich nicht! Du bist ja keine Schnappschildkröte!

Schnappschildkröten können sogar Monate am Stück schlafen. Wenn es kalt wird, graben sie sich in den Schlamm am Grund eines Sees und schlafen. Das liegt daran, dass Gott diese

Schildkröten auf einzigartige und wunderbare Weise geschaffen hat. Ihre Körper und Panzer können aus dem Wasser Sauerstoff herausfiltern, damit sie bis zum Frühling genug atmen können.

Alles, was Gott geschaffen hat, ist wundervoll – genau wie du.

Denk an all die Dinge, die dein Körper machen kann. Hast du Beine, die Fußball spielen können? Kann dein Kopf sich gut Dinge merken und vielleicht sogar schon Wörter buchstabieren oder rechnen? Hast du Hände, die Dinosaurier und Einhörner malen können?

Gott hat dich auf einzigartige und wunderbare Weise geschaffen. Das hat er toll gemacht!

Lieber Gott, danke, dass du mich so toll gemacht hast. Ich bin so glücklich, dass ich _____ kann.

Bring Licht ins Dunkel!

Du brauchst: Papierrolle, Stifte

Nimm eine große Papierrolle oder klebe einige Papierblätter zusammen, sodass du dich auf das Papier legen kannst. Dann bitte jemanden, dass er mit einem Stift deine Umrisse auf das Papier malt. Jetzt kannst du »dich« anmalen: Welche Haarfarbe hast du? Welche Augenfarbe? Welchen Pullover trägst du am liebsten?

36

PUTZ, PUTZ, PUTZ – RUNTER MIT DEM SCHMUTZ!

Gott, ich bitte dich, dass du mein Herz erforschst.
Schau dir meine Gedanken und Gefühle an.

NACH PSALM 139,23

Was hast du gesehen, als du heute Abend deine Zähne geputzt hast? Vermutlich Zähne, Zahnpastaschaum und deine Zunge. Aber hast du auch sechs Milliarden Bakterien gesehen? Nein?

Du hast die Bakterien in deinem Mund nicht gesehen, weil sie so superwinzig sind. Aber sie sind trotzdem da! Deshalb ist

das Zähneputzen auch so wichtig: Damit deine Zähne gesund bleiben, musst du den Schmutz wegputzen.

Schlechte Gedanken sind ein bisschen so wie diese Bakterien. Du kannst sie zwar nicht sehen, aber wenn du sie nicht loswirst, dann können sie dich kaputt machen. Solche Gedanken sind z. B. Neid, Schadenfreude oder Hass.

Es ist ganz normal, dass du solche Gedanken hast! Wichtig ist nur, wie du damit umgehst, damit sie nicht am Ende dein ganzes Denken bestimmen. Schon König David aus der Bibel wusste, dass jeder solche Gedanken in sich trägt. Und er wusste auch: Damit werde ich nicht allein fertig. Deswegen bat er Gott um Hilfe. Er sollte sich seine Gedanken genau anschauen und ihm dabei helfen, sie zu verändern, damit sein Denken so sauber wurde wie frisch geputzte Zähne.

Lieber Gott, du siehst Dinge in meinem Herzen, die ich selbst nicht sehe. Danke, dass du mir hilfst, Gutes über andere Menschen und über mich selbst zu denken.

Bring Licht ins Dunkel!

Putzt du gerne deine Zähne? Nein? Dann überleg doch mal, woran das liegt, und sprich mit deinen Eltern darüber. Möchtest du vielleicht eine andere Zahnpasta ausprobieren oder beim Putzen Musik hören?

37

KLEIN, ABER WICHTIG

Kinder sind ein tolles Geschenk von Gott.

NACH PSALM 127,3

Können Stinktiere nachts überhaupt schlafen? Oder riechen sie so stark, dass sie kein Auge zumachen können?

Ob du es glaubst oder nicht – Stinktiere stinken nicht immer. Sie versprühen ihren Gestank nur, wenn sie Angst haben, um mögliche Feinde zu vertreiben. Aber sonst riechen sie eigentlich ganz normal.

Na ja, meistens jedenfalls. Manchmal sprühen kleine Stinktiere aus Versehen, besonders, wenn sie etwas überrascht. Dann stinkt es in ihrer ganzen Höhle!

Manchmal ist es schwer, noch klein zu sein. Kennst du dieses Gefühl? Du möchtest gerne so viele Dinge können wie Erwachsene oder deine großen Geschwister, aber das gelingt dir nicht immer. Manchmal geht etwas ziemlich schief. Aber das ist nicht schlimm! Gott weiß – und deine Eltern wissen das auch! –, dass es für Kinder noch viel zu lernen gibt.

Kinder sind Gott sehr wichtig. In der Bibel steht, dass Kinder ein besonders tolles Geschenk von Gott sind. Wenn Gott dich ansieht, lächelt er, denn er hat dich sehr, sehr lieb.

Lieber Gott, manches gelingt mir noch nicht, z. B. _____. Danke, dass du mir hilfst, immer neue Dinge zu lernen.

Bring Licht ins Dunkel!

Manche Dinge müssen wir ganz oft üben, bis sie uns endlich gelingen. Z. B. Fahrrad fahren, Schuhe zubinden oder stricken. Was willst du morgen üben? Lass dich nicht entmutigen, wenn es nicht auf Anhieb klappt!

38

LAUT UND LEISE, MIT MUND UND HÄNDEN

Alle, die Gott lieb haben, hört mir zu: Ich will erzählen, was ich mit Gott erlebt habe.

NACH PSALM 66,16

Hast du schon mal bei einem Ausflug im Wald oder an einem See übernachtet? Dann weißt du, dass die Natur sehr laut sein kann! Vögel zwitschern, Grillen zirpen und Eulen rufen. Jedes Tier spricht die Sprache, die Gott ihm gegeben hat. Und er hört den Tieren sehr gerne zu!

Auch uns Menschen hört Gott gerne zu. Ob wir leise beten oder laut, auf Englisch, Deutsch oder Arabisch – er versteht jedes Wort. Selbst wenn du weinst oder lachst, hört Gott die Worte deines Herzens. Manche Menschen reden sogar durch Handzeichen mit anderen Menschen und mit Gott. Das nennt man Gebärdensprache.

Ob wir zwitschern wie die Vögel oder mit unseren Händen sprechen – ganz egal, Gott hört uns immer. Ob wir abends leise im Bett mit ihm sprechen oder laut mit anderen beten – ganz egal, Gott hört uns immer.

Lieber Gott, ich bin so froh, dass du mir immer zuhörst und dass du mich liebst. Ich habe dich auch lieb!

Bring Licht ins Dunkel!

Möchtest du ohne Worte etwas ausdrücken? Dann erkläre ich dir, wie man in der Gebärdensprache »Ich liebe dich« sagt: Zunächst zeigst du auf dich selbst. Dann ballst du die Hände zu Fäusten, überkreuzt die Arme und drückst sie leicht vor deine Brust (als wolltest du jemanden umarmen). Dann zeigst du auf dein Gegenüber. ICH – LIEBE – DICH! Morgen kannst du deiner Familie zeigen, wie man »Ich liebe dich« gebärdet.

39

VON KOPF BIS FUSS

Sogar die Haare auf eurem Kopf hat Gott alle gezählt.

NACH MATTHÄUS 10,30

Schäfchen zählen zum Einschlafen? Das kann doch jeder! Probiere heute etwas Schwierigeres aus. Zähle alle Haare auf deinem Kopf!

Was? Das geht nicht? Es sind zu viele?

Es würde wahrscheinlich die ganze Nacht oder noch länger dauern, bis du alle deine Haare gezählt hast. Das liegt daran, dass die meisten Menschen zwischen 100.000 und 150.000 Haare auf dem Kopf haben. Wow!

Aber weißt du was? Gott kennt diese Zahl schon! Er kennt dich von Kopf bis Fuß, in- und auswendig. Er weiß, ob dir dein Finger wehtut, weil du ihn in der Tür eingeklemmt hast, oder dein Herz, weil dich etwas traurig macht. Und es interessiert ihn sehr! Alles, was dir wichtig ist, ist auch Gott wichtig – weil *du* ihm so wichtig bist.

Lieber Gott, ich kann nicht glauben, dass du sogar die Anzahl meiner Haare kennst! Danke, dass ich dir so wichtig bin.

Bring Licht ins Dunkel!

Hast du noch das große Bild von dir von Andacht 35? Dann versuch doch mal, »dir« so viele Haare wie möglich auf den Kopf zu malen. Wie viele schaffst du?

40

EIN GUTER FREUND

Ein guter Freund ist immer für dich da.

NACH SPRÜCHE 17,17

Hast du einen guten Freund oder eine gute Freundin? Es ist toll, jemanden zu haben, mit dem man lachen kann, bis einem der Bauch wehtut! Bestimmt spielt ihr oft miteinander. Und wenn du traurig bist, dann trösten dich deine Freunde oder sie helfen dir, wenn du ein Problem hast.

Vielleicht hast du aber auch keinen Freund oder keine Freundin. Oder dein Freund ist in eine andere Stadt gezogen. Oder du hast dich mit deiner Freundin gestritten.

Dann fühlst du dich allein. Du bleibst zurück, wenn andere sich verabreden. Du hast niemanden, mit dem du laut lachen kannst oder der sich erkundigt, ob es dir gut geht. Das ist wirklich traurig!

Wie gut, dass du trotzdem immer jemanden an deiner Seite hast, der dich liebt und für dich da ist: Gott. Er will dein Freund sein und er begleitet dich immer und überall hin.

Lieber Gott, danke, dass du mein guter Freund bist. Ich bin nie allein, weil du immer bei mir bist!

Bring Licht ins Dunkel!

Gibt es Kinder in deiner Nähe, die keine Freunde haben? Vielleicht sind sie neu zugezogen und kennen noch niemanden. Oder sie sind schüchtern und trauen sich nicht zu fragen, ob sie mitspielen können. Überleg dir, ob du morgen ein solches Kind ansprechen und dich mit ihm oder ihr verabreden kannst.

41

HEREINSPAZIERT!

Vergesst nicht, gastfreundlich zu sein.

NACH HEBRÄER 13,2

Hast du schon mal dein Zimmer geräumt, damit Besuch dort übernachten konnte? Es ist vielleicht nicht immer so schön, das eigene Zuhause mit anderen zu teilen. Aber Gott freut sich, wenn andere Menschen sich bei uns willkommen fühlen. Das nennt man auch »Gastfreundschaft«.

Manchmal heißt das, andere zum Essen einzuladen. Manchmal bedeutet es, jemandem eine Schlafmöglichkeit

anzubieten. Eine Art der Gastfreundschaft kann auch sein, jemanden zum Spielen einzuladen. Die Hauptsache ist, dass andere Menschen sich wohl und geliebt fühlen.

Gastfreundschaft ist Gott deshalb so wichtig, weil andere auf diese Weise durch unser Handeln Gottes Liebe wahrnehmen können.

Es ist nicht immer einfach, gastfreundlich zu sein. Manche Menschen haben wenig Platz oder fühlen sich schüchtern, wenn sie sich mit anderen unterhalten sollen. Doch Gott freut sich, wenn wir uns trotzdem um andere Menschen kümmern.

Lieber Gott, ich möchte, dass Besucher sich bei uns wohlfühlen. Zeig mir, was ich tun kann, um deine Liebe mit anderen Menschen zu teilen.

Bring Licht ins Dunkel!

Es gibt viele Wege, um gastfreundlich zu sein.
Z. B. kannst du Gästen ein Glas Wasser anbieten
oder deinen Eltern helfen, wenn sie alles für den
Besuch vorbereiten. Wenn Gäste dich schüchtern
oder nervös machen, ist das vollkommen okay.
Bitte deine Eltern, dass ihr euch gemeinsam
eine Begrüßung überlegt, bevor die
Gäste eintreffen.

42

WENN KEINER SICH BEDANKT ...

Seid dankbar, ganz egal, was passiert.

NACH 1. THESSALONICHER 5,18

Stell dir einen wunderschönen Weihnachtsbaum vor, unter dem viele toll verpackte Geschenke liegen. Einige Kinder rennen in den Raum und reißen das Geschenkpapier auf. Sie jubeln vor Freude. Dann nehmen sie ihre neuen Spielsachen und verschwinden für den Rest des Tages in ihrem Zimmer.

So schön die Geschichte klingt – etwas fehlt.

Die Kinder haben tolle Geschenke bekommen, aber kein einziges hat sich dafür bedankt. Von einer ganz ähnlichen Geschichte erzählt die Bibel. Jesus hatte zehn Männer geheilt, die an einer schlimmen Krankheit litten. Doch nur einer der Männer bedankte sich bei Jesus. Die neun anderen liefen einfach weg.

Ob du an Weihnachten ein tolles Geschenk bekommst; ob jemand mit dir eine Tüte Chips teilt; wenn jemand deine Bastelarbeit oder das Referat für die Schule lobt – vergiss nicht, dich dafür zu bedanken. Gott liebt dankbare Herzen.

Lieber Gott, du schenkst mir viele schöne Dinge in meinem Leben! Danke für _____. .

Bring Licht ins Dunkel!

Du kannst jemandem ein Bild malen oder einen Brief schreiben, der weiter entfernt wohnt – vielleicht deinen Großeltern oder deiner Tante. Erzähl ihnen, dass du dich immer noch über eine Sache freust, die sie dir irgendwann mal geschenkt haben, z. B.: »Ich spiele so gerne das tolle Brettspiel, das du mir zu Weihnachten geschenkt hast.«

LICHT IN DER DUNKELHEIT

Jesus sagt: »Ich bin wie ein Licht, damit niemand
mehr in der Dunkelheit bleiben muss.«

NACH JOHANNES 12,46

Hast du nachts schon mal Glühwürmchen gesehen? Wenn es ganz dunkel ist, kannst du sie gut erkennen. Sie leuchten richtig hell und auf einmal ist die finstere Nacht gar nicht mehr so dunkel.

So ähnlich ist es auch mit Gott. Jesus, Gottes Sohn, sagt in der Bibel, dass er wie ein Licht in der Dunkelheit ist. Das bedeutet nicht, dass du keine Taschenlampe mehr brauchst, wenn du nachts unterwegs bist. So ein Licht ist damit nicht gemeint.

Jesus meint damit, dass sein Licht in unsere innere Dunkelheit scheint. Manchmal bist du traurig, hast Angst oder machst dir Sorgen. Das ist fast so, als wäre es ganz dunkel in dir drin. In diese Dunkelheit sendet Jesus sein Licht: das Licht der Liebe, der Freude, der Zuversicht, der Hoffnung.

Lieber Gott, manchmal ist es in mir drin richtig finster vor Angst und Sorge. Danke, dass du mit deinem Licht zu mir kommst und mich tröstest!

Bring Licht ins Dunkel!

Lichtzeichen zu geben, ist auch eine
Art, um Nachrichten zu übermitteln.
Überlege dir mit deinen Freunden eine
»Geheimsprache«, dann könnt ihr euch mit
Taschenlampen-Signalen unterhalten!

44

FUNKELN FÜR GOTT

Wer kann, soll andere unterstützen – indem er mit anderen teilt oder ihnen hilft. Über diese guten Taten freut sich Gott.

NACH 1. TIMOTHEUS 6,18

Wissenschaftler können viel über ein Glühwürmchen sagen – allein schon über die Art, wie sein Licht funkelt. Verschiedene Glühwürmchenarten blinken unterschiedlich schnell und in unterschiedlichem Rhythmus. So können Forscher sie voneinander unterscheiden.

In der Bibel steht, dass Menschen, die mit Gott leben, an ihren Taten erkannt werden. Und dass Gott sich freut, wenn wir anderen Gutes tun. Und so, wie die Glühwürmchen ganz unterschiedlich funkeln, können wir Menschen auch ganz unterschiedliche Dinge tun. Die einen können ganz toll putzen. Andere singen besonders schön. Wieder andere können spannende Geschichten von Jesus erzählen. Oder Kuchen backen. Oder im Garten Unkraut zupfen. Oder aufräumen. Oder ... oder ... oder ...

Wenn wir das, was wir gut können, für andere Menschen einsetzen, sind wir wie ein kleines Glühwürmchen für Gott.

Lieber Gott, ich möchte gerne für dich funkeln! Danke, dass du mir viele Fähigkeiten geschenkt hast, die ich für dich und andere Menschen einsetzen kann.

Bring Licht ins Dunkel!

Überleg dir: Womit könntest du morgen
für Gott funkeln? Frag deine Eltern,
wie du sie unterstützen kannst oder
wem du sonst helfen könntest.

DER FLÜSTERNDE WIND

Für unsere Augen ist Gott unsichtbar, doch an seiner Schöpfung können wir seine große Macht erkennen.

NACH RÖMER 1,20

Zunächst ist alles still und leise in deinem Zimmer. Und dann auf einmal hörst du draußen ein lautes Brausen. Bäume rauschen; Regentropfen peitschen gegen deine Fensterscheibe. Du kannst dein Fenster nicht sehen, aber du weißt, was draußen los ist: Heftiger Wind fegt durch die Nacht.

Wir können den Wind selber nicht sehen, aber wir wissen, dass er da ist. Er bewegt die Blätter und Äste der Bäume, er zaust unsere Haare und Jacken.

So ähnlich ist es mit Gott. Wir können ihn mit unseren Menschenaugen nicht sehen, aber wir können das sehen, was er gemacht hat: die vielen verschiedenen Menschen und Tiere, die wolkenhohen Berge, die endlosen Meere.

Denk daran, dass der gleiche Gott, der die große Welt und das unendliche Universum erschaffen hat, der den Wind brausen lässt, ganz nah bei dir ist. Lass dich von seiner Liebe und Gegenwart einhüllen.

Lieber Gott, ich kann dich nicht sehen, aber ich weiß, dass du bei mir bist. Danke, dass du die Welt so wunderbar erschaffen hast! Das gefällt mir besonders gut: _____

Bring Licht ins Dunkel!

Wenn es draußen windig ist, ist die beste Zeit, um einen Drachen steigen zu lassen! Du kannst dir morgen einen basteln. Bitte einen Erwachsenen, dir dabei zu helfen und mit dir Drachensteigen zu gehen.

46

ORDENTLICH AUFGERÄUMT

Gott gehört die ganze Welt und alles, was darauf lebt.

NACH PSALM 24,1

Bevor manche Muttervögel abends ins Bett gehen, machen sie ihr Nest sauber. Sie entfernen Steinchen, Essensreste und anderen Müll, sogar den Kot ihrer Vogelbabys. Dadurch bleiben die kleinen Vögel gesund und können bald flügge werden.

Gott freut sich, wenn die Vögel sich um ihre Nester kümmern. Das ist eine der Aufgaben, die er ihnen gegeben hat. Genauso gibt Gott uns kleine Aufgaben in seiner Welt, um die wir uns kümmern sollen.

Die Bibel erzählt uns, dass Gott den Menschen die Verantwortung für seine Schöpfung gegeben hat. Menschen, Pflanzen und Tiere sind ein Teil seiner Schöpfung. Er möchte, dass wir uns darüber freuen, aber auch darum kümmern. Wenn wir Tiere füttern, Blumen gießen oder Müll aufsammeln, machen wir die Welt ein kleines bisschen schöner. Also los, kleiner Vogel! Auch du kannst dabei schon mithelfen.

Lieber Gott, hilf mir, dass ich verantwortungsvoll mit deiner Schöpfung umgehe.

Bring Licht ins Dunkel!

Müll trennen, häufiger Fahrrad fahren, regionales Essen kaufen … Wie könnt ihr als Familie umweltbewusster leben? Überlegt gemeinsam, ob ihr etwas ändern wollt!

47

KEINE ZEITVERSCHWENDUNG

Ich kann beruhigt einschlafen, denn du, Gott, bist immer bei mir.

NACH PSALM 3,6

Wir verbringen sehr viel Zeit mit Schlafen. Tag für Tag beenden wir auf dieselbe Art und Weise: Wir kriechen ins Bett und schlafen die ganze Nacht. Was für eine Zeitverschwendung! Wir könnten doch so viele andere tolle Sachen machen — spielen, lesen, essen ...

Ob du es glaubst oder nicht: Schlafen ist keine Zeitverschwendung. Wenn du krank bist, hilft der Schlaf deinem Körper, wieder fit und gesund zu werden. Wenn du schläfst, ruht sich auch dein Gehirn aus und verarbeitet viele Eindrücke vom Tag. Es sieht zwar so aus, als würden wir beim Schlafen nichts tun, aber in Wirklichkeit macht unser Körper eine Menge sinnvoller Dinge. Deshalb ist Schlafen lebenswichtig!

Auch andere Dinge kommen uns hin und wieder so vor, als würden wir unsere Zeit verschwenden – manchmal würden wir lieber spielen, als in den Kindergottesdienst zu gehen, einen Freund zu trösten, der traurig ist, oder zu Gott zu beten. Aber diese »stillen« Dinge sind wichtig, damit dein Glaube an Gott wachsen kann.

Lieber Gott, danke, dass ich jetzt schlafen gehen und mich ausruhen und erholen kann.

Bring Licht ins Dunkel!

Wenn du abends nicht gut einschlafen kannst, kannst du dich mit Gott unterhalten. Erzähl ihm, was du heute erlebt hast, worüber du dich gefreut hast oder was dich geärgert hat.

FEHLER ZUGEBEN

Wenn euch jemand ein Unrecht getan hat, dann
vergebt einander. Gott vergibt euch auch.

NACH KOLOSSER 3,13

Hast du schon einmal etwas kaputt gemacht oder verloren, das nicht dir gehört hat?

Auch wenn es dir aus Versehen passiert ist, bist du trotzdem dafür verantwortlich. Manchmal kannst du deinen Fehler

wiedergutmachen. Doch wenn du eine besondere Tasse kaputt machst, die deiner Oma gehört und die sie schon von ihrer Oma geerbt hatte, gibt es dafür keinen Ersatz. Wenn dir ein solches Erinnerungsstück zerbricht, ist das ein ganz schreckliches Gefühl.

Natürlich könntest du jetzt behaupten, dass du es nicht warst. Aber das wäre eine Lüge. Besser ist es, gleich den Fehler zuzugeben und um Verzeihung zu bitten. Was für ein befreiendes Gefühl, wenn deine Oma dann zu dir sagt: »Ich nehme deine Entschuldigung an. Ich bin dir nicht böse.«

Übrigens: Wenn du mal auf der anderen Seite stehst – wenn jemand etwas kaputt gemacht hat, das dir gehört –, dann vergib auch du dem anderen. Gott vergibt uns unsere Fehler. Also können wir auch einander verzeihen.

Lieber Gott, es tut mir sehr leid, dass mir Folgendes passiert ist: ----------------------------- Bitte gib mir den Mut, meinen Fehler zuzugeben und um Verzeihung zu bitten.

Bring Licht ins Dunkel!

Gibt es etwas, wofür du jemanden noch um Verzeihung bitten solltest? Dann mach es gleich morgen!

49

EINFACH SO!

Gott, wir beten dich an. Du hast alles erschaffen. Weil
du es so wolltest, sind alle Dinge entstanden.

NACH OFFENBARUNG 4,11

Tief unten im Meer ist es immer dunkel.

Wenn du bis zum Boden des Meeres tauchen würdest, wäre
um dich herum komplette Dunkelheit. Keine Sonnenstrahlen

erreichen diese Gegend. Diesen Teil des Meeres nennt man »Tiefsee«. Und trotzdem gibt es dort jede Menge Fische und andere Kreaturen, die im Dunkeln leben!

Fast niemand ist jemals so tief runtergetaucht. Das heißt, dass es eine Menge Geschöpfe gibt, die nur Gott jemals sehen wird. Aber wieso hat er sie geschaffen? Warum hat er die Tiefsee nicht einfach leer gelassen?

Gott hat diese Tiere für sich selbst geschaffen. Er hat vieles gemacht, an dem wir Menschen uns erfreuen können, aber manche Dinge sind einfach nur für ihn – damit er sich darüber freuen kann! All diese beeindruckenden Fische, Vögel, Tiere, Pflanzen, Berge, Meere und Menschen existieren, weil Gott sie so wollte.

Was für ein wunderbarer Gott!

Lieber Gott, du hast alles gut erschaffen. Ich staune über all das, was du dir ausgedacht hast. Du bist ein wunderbarer und mächtiger Gott!

Bring Licht ins Dunkel!

Wenn du dir ein Tier ausdenken solltest, das tief unten im Meer lebt – wie würde es aussehen? Male ein Bild davon!

SÜSSE FRÜCHTE

Gott bringt in unserem Leben gute Früchte hervor:
Liebe, Freundlichkeit, Geduld, Treue und vieles mehr.

NACH GALATER 5,22-23

Es ist faszinierend, wenn man beobachtet, wie innerhalb weniger Monate aus einer kleinen Blüte am Apfelbaum ein leckerer dicker Apfel wächst oder wie aus winzigen harten Kügelchen saftige Weintrauben werden. Gott hat sich das wunderbar ausgedacht. Jedes Jahr geschieht von Neuem das Wunder der Schöpfung – millionenfach an vielen Obstbäumen und -sträuchern.

In der Bibel heißt es, dass Gott auch in unserem Leben »Früchte« hervorbringen möchte. Damit meint er nicht, dass dir Kirschen an den Ohren wachsen! Seine »Früchte« in unserem Leben tun uns aber genauso gut wie ein leckeres Obst: Er will uns helfen, dass wir freundlich sein können, geduldig, liebevoll und zuverlässig. Das schaffen wir nicht von allein. Aber Gott hilft uns dabei, wenn wir ihn darum bitten.

Lieber Gott, ich möchte gerne, dass Gutes in meinem Leben entsteht. Hilf mir bitte dabei!

Bring Licht ins Dunkel!

Kennst du das Spiel »Obstsalat«? Mehrere Kinder setzen sich in einen Stuhlkreis. Es gibt genau einen Stuhl weniger als Kinder. Das Kind, das übrig ist, steht als Spielleiter in der Mitte. Jeweils zwei oder drei Kinder gehören zur selben Obstsorte. Der Spielleiter ruft eine Sorte auf – z. B. »Apfel«. Dann müssen alle »Apfel-Kinder« schnell die Plätze tauschen. Der Spielleiter versucht, ebenfalls einen freien Stuhl zu bekommen. Beim Ruf »Obstsalat!« tauschen alle ihre Plätze.

51

BEI DEINEM NAMEN

Schau hinauf zum Himmel. Wer hat die vielen Sterne geschaffen? Gott ist es! Jeden kennt er bei seinem Namen.

NACH JESAJA 40,26

Hast du es schon mal geschafft, alle Sterne am Himmel zu zählen? Natürlich nicht! Es gibt viel zu viele. Sogar Astronomen wissen nicht, wie viele Sterne es tatsächlich gibt. Aber einer weiß

es: Gott! Gott hat jeden einzelnen Stern geschaffen und kennt sogar seinen Namen.

Aber weißt du, was das Beste ist? Gott hat nicht nur die vielen Sterne geschaffen, sondern auch dich! Und er weiß nicht nur deinen Namen, sondern kennt dich ganz genau. Er weiß, wie viele Haare du auf dem Kopf hast – erinnerst du dich? Und er freut sich über dich, weil er dich geschaffen hat und dich sehr liebt.

Lieber Gott, ich bin so glücklich, dass du mich kennst und mich lieb hast. Danke dafür!

Bring Licht ins Dunkel!

Hast du deine Eltern schon einmal gefragt, warum sie deinen Namen für dich ausgesucht haben? Vielleicht hat er eine besondere Bedeutung oder du bist nach einer besonderen Person benannt.

52

FRIEDENSSTIFTER

Eine freundliche Antwort schlichtet den Streit.
Böse Worte machen den Streit noch schlimmer.

NACH SPRÜCHE 15,1

Stell dir vor, es ist nur noch ein Stück Kuchen übrig. Du willst es selbst essen, aber dein Bruder oder deine Schwester hätte es auch gerne. Was sollt ihr tun?

Jetzt kommt es darauf an, wie du dich verhältst.

Beanspruchst du das Stück allein für dich? »Ich bin älter als du, deshalb ist das mein Kuchen!« oder: »Ich bin kleiner als du, deshalb ist das mein Kuchen!« oder: »Du bist gemein, deshalb ist das mein Kuchen!« Oder schlägst du eine Lösung vor, einen Kompromiss? »Lass uns das Stück teilen.«

Dann ist zwar das Stück kleiner, das du essen darfst – aber du hast einen Streit unter euch Geschwistern vermieden. Und das ist es allemal wert!

Lieber Gott, ich möchte mich nicht streiten. Bitte zeige mir, wie ich ein Friedensstifter sein kann! Hilf mir, mich zu beruhigen, wenn ich wütend bin.

Bring Licht ins Dunkel!

Hast du dich schon mal mit jemandem gestritten – deinen Geschwistern oder Freunden? Wie hast du dich dabei gefühlt? Und habt ihr euch wieder vertragen?

53

IMMER UND ÜBERALL

Macht euch keine Sorgen! Ihr dürft immer
und überall zu Gott beten.

NACH PHILIPPER 4,6

Bestimmt hast du deine Eltern schon einmal um etwas gebeten. Du hast vor Weihnachten oder deinem Geburtstag einen Wunschzettel geschrieben oder gemalt.

Doch geben dir deine Eltern immer genau das, was du haben willst? Wenn du aufschreibst: »Ich wünsche mir ein echtes Flugzeug!« – werden sie es dir schenken? Oder wenn du sie

bittest: »Ich möchte jeden Tag 100 Schokoküsse essen« – werden sie dir das erlauben?

Wahrscheinlich nicht! Deine Eltern überlegen genau, was gut für dich ist und was nicht. Für manche Wünsche musst du erst älter und vernünftiger werden. Bei manchen Dingen entscheiden sie jedoch, dass es besser wäre, dir den Wunsch nicht zu erfüllen.

Wenn du Gott um etwas bittest, nennen wir das »Beten«. Gott hört dir immer zu. Du kannst ihm alles sagen, was dich beschäftigt oder was du dir wünschst. Er nimmt alle deine Bitten sehr ernst. Aber genau wie deine Eltern überlegt auch Gott, was gut für dich wäre.

Manchmal denken wir dann, Gott hätte unser Gebet nicht erhört. Doch das stimmt nicht. Gott hört uns immer. Immer und überall.

Lieber Gott, danke, dass du dir meine Gebete anhörst. Ich möchte dir vertrauen, dass du richtig entscheidest, wenn ich dich um etwas bitte.

Bring Licht ins Dunkel!

Hast du schon einmal erlebt, dass du für etwas gebetet hast, das in Erfüllung gegangen ist? Oder haben deine Eltern diese Erfahrung gemacht? Frag sie danach!

109

GOTTES BOTEN

Nachts kam ein Engel zu dem Gefängnis, in dem die
Freunde von Jesus saßen, und öffnete die Tore.

NACH APOSTELGESCHICHTE 5,19

Gibt es Engel wirklich? Ja!

In der Bibel stehen einige Geschichten, in denen Engel – Boten von Gott – vorkommen. Sicher weißt du aus der Weihnachtsgeschichte, dass Gott viele Engel beauftragt hatte, den Hirten von dem neugeborenen kleinen Jesus zu erzählen.

Und dann gibt es die Geschichte, als Gott einen Engel sandte, um seine Freunde zu befreien, die im Gefängnis waren.

Engel sehen sehr unterschiedlich aus. In manchen Geschichten in der Bibel wissen die Menschen sofort, dass ein Engel mit ihnen spricht, weil er anders aussieht als ein Mensch. Manchmal aber erkennen die Menschen erst später, dass Gott ihnen einen Boten geschickt hatte. Da war nicht auf den ersten Blick zu erkennen, dass es sich um einen Engel gehandelt hatte.

Engel sind stark und mächtig, aber auch behutsam und voller Liebe. Und alle Engel dienen Gott. Sie beten ihn an, erfüllen seine Aufträge und kümmern sich um uns.

Lieber Gott, danke für deine Engel! Danke, dass sie sich um uns Menschen kümmern!

Bring Licht ins Dunkel!

Du brauchst: Papier und Stifte oder Bastelmaterialien

Male ein Bild, wie du dir einen Engel vorstellst. Oder bitte einen Erwachsenen, mit dir einen Engel zu basteln (im Internet gibt es sehr viele Anleitungen dazu). Dann kannst du dir das Bild oder den Engel über dein Bett hängen. Er erinnert dich daran, dass Gottes Boten auf dich aufpassen.

55

IMMER SCHÖN GEDULDIG ...

Alles, was auf der Welt geschieht, hat seine bestimmte Zeit.

NACH PREDIGER 3,1

Worauf freust du dich in nächster Zeit? Auf deinen Geburtstag oder auf Weihnachten? Auf einen Ausflug oder eine Urlaubsfahrt?

Stell dir vor, du würdest die Zeit überspringen und sofort an dem ersehnten Datum sein. Wow! Dann wünschst du dir heute,

dass dein Geburtstag ist, und morgen, dass es Weihnachten wird. Und dann wieder Geburtstag – Weihnachten – Geburtstag ...

Aber wenn du dir das so überlegst ... es wird schnell ziemlich langweilig, jeden Tag Geburtstag oder Weihnachten zu feiern. Oder?

Warten ist etwas Gutes. Wir lernen, uns auf besondere Dinge zu freuen und sie bewusster zu genießen. Gott hat uns die Zeit geschenkt. Er hat Tag und Nacht, Sommer und Winter, Alltag und Feiertage geschaffen. Deswegen: Geduldig sein heißt auch, Gott zu vertrauen!

Lieber Gott, es ist so schwer zu warten. Bitte hilf mir, geduldiger zu werden und die Zeit, die du mir schenkst, zu genießen.

Bring Licht ins Dunkel!

Das Leben ist voll von Wartezeiten – an der Kasse im Supermarkt; auf dem Spielplatz, dass die Schaukel frei wird; im Wartezimmer beim Arzt. Wie kannst du die Zeit gut nutzen, bis du an der Reihe bist?

56

ZU VIEL!

Es tut dir gut, wenn du vermeidest, zu viel oder zu wenig zu tun. Wer Gott achtet, findet den richtigen Mittelweg.

NACH PREDIGER 7,18

Steppenschnecken können für eine sehr, sehr lange Zeit schlafen. Wenn das Wetter zu kalt oder zu trocken wird, vergraben sie sich in der Erde. Sie rollen sich in ihrem Schneckenhaus zusammen und schließen es mit einem Kalkverschluss. Dann schlafen sie – bis zu vier Jahren!

Schlafen ist schön und wichtig für unsere Gesundheit, aber vier Jahre sind für uns Menschen viel zu lange.

Es gibt einige Dinge, die uns schaden, wenn wir zu viel davon haben wollen. Fernsehen an sich ist nicht schlecht, aber wenn du nur noch vor dem Fernseher hockst und nicht mehr draußen spielst, ist das nicht gut. Ein paar Kekse sind lecker, aber wenn du die ganze Packung auf einmal leer futterst, wird dir übel. Freunde zu treffen, macht viel Spaß, aber du brauchst auch Zeiten, in denen du dich ausruhen kannst.

Danke Gott für all das Gute in deinem Leben und achte darauf, dass du das richtige Maß findest. Und bitte deine Eltern, dir dabei zu helfen, wenn du es nicht allein schaffst.

Lieber Gott, danke für viele schöne Dinge in meinem Leben! Hilf mir, dass ich nicht damit übertreibe: _____

Bring Licht ins Dunkel!

Hast du schon einmal darüber nachgedacht: Wenn deine Eltern dir etwas nicht erlauben oder dir Grenzen setzen, z. B. beim Fernsehen – kann es sein, dass sie dir damit helfen, dass du nicht zu viel des Guten genießt?

BITTE RECHT FREUNDLICH

Gott wendet sich dir freundlich zu und schenkt dir seine Gnade.

NACH 4. MOSE 6,25

Hast du in letzter Zeit jemand Neues kennengelernt? Vielleicht war ein fremdes Kind beim Fußballtraining oder deine Eltern hatten Besuch eingeladen.

Neue Menschen zu treffen, kann uns manchmal Angst machen. Wir wissen nicht, was wir sagen sollen, oder wir haben Sorge, dass die andere Person uns nicht mag. Aber wenn wir jemand Nettes kennenlernen, passiert etwas Wunderbares – wir fühlen uns gleich besser.

In der Bibel war Jesus zu allen Menschen freundlich. Es war ihm egal, ob sie arm oder reich, gesund oder krank, beliebt oder Außenseiter waren. Für Jesus waren sie alle wichtig. Er zeigte ihnen seine Liebe, indem er mit ihnen sprach und ihnen half.

Wenn wir in der Bibel die Geschichten von Jesus lesen, erinnern wir uns an Gottes Liebe zu allen Menschen und können seinem Beispiel folgen. Und dann tragen wir dazu bei, dass sich andere Menschen in unserer Gegenwart wohlfühlen.

Lieber Gott, danke, dass ich dir wichtig bin. Ich möchte mich auch um andere Menschen kümmern, so wie Jesus es getan hat!

Bring Licht ins Dunkel!

Wie kannst du morgen zu einem anderen Menschen freundlich sein?

58

ZEIT FÜR EINE PAUSE!

Jesus sagte: »Kommt, wir suchen uns einen
ruhigen Ort zum Ausruhen.«

NACH MARKUS 6,31

Wusstest du, dass in manchen Ländern auf der Welt auch Erwachsene einen Mittagsschlaf machen? Vor allem in Ländern, in denen es um die Mittagszeit sehr heiß ist, macht man ein Nickerchen. Auf Spanisch sagt man dazu »Siesta«.

Tatsächlich — nicht nur Babys, sondern auch Erwachsene müssen sich manchmal ausruhen!

Deine Eltern und Großeltern kümmern sich gerne um dich. Sie sorgen dafür, dass deine Kleidung sauber ist, sie gehen einkaufen und kochen für dich. Aber manchmal sind auch sie sehr müde. Sich um Kinder zu kümmern, kann ganz schön anstrengend sein. Trotzdem tun sie es gerne für dich.

Hast du dich schon mal für das bedankt, was deine Eltern jeden Tag für dich tun? Du kannst ihnen helfen — du kannst die Einkaufstasche tragen, dein Zimmer aufräumen oder bei der Gartenarbeit helfen.

Sag deinen Eltern, dass du ihnen sehr dankbar bist und dass du sie lieb hast! Und wenn sie das nächste Mal »Siesta« machen wollen, bring ihnen ein Kissen und eine Decke.

Lieber Gott, danke, dass meine Eltern und Großeltern sich um mich kümmern.

Bring Licht ins Dunkel!

Wie könntest du deinen Eltern oder Großeltern morgen helfen? Kannst du vielleicht eine Aufgabe übernehmen, sodass sie einen Mittagsschlaf halten können?

59

EIN TREUER BEGLEITER

Gott, du bist ein barmherziger Gott, geduldig und treu.

NACH PSALM 86,15

Wer deckt dich abends zu, wenn du ins Bett gehst? Wer bringt dir in der Schule oder im Kindergarten viele Sachen bei? Wer kümmert sich um dich, wenn du krank bist?

Gott hat viele Menschen in dein Leben gestellt, die sich

um dich kümmern. Es ist wichtig, dass es solche Menschen gibt, auf die du dich verlassen kannst und die treu und geduldig ihre Aufgaben erfüllen.

Auch Tiere können treue Freunde sein. Wenn du dich gut um einen Hund kümmerst, wird er sich auf dich verlassen. Er freut sich, wenn er dich sieht, und beschützt dich.

Wie schön, wenn du solche Menschen oder Tiere in deinem Leben hast. Aber weißt du was? Gott ist noch viel, viel zuverlässiger als jeder Mensch! Schon vor vielen Tausend Jahren war Gott derselbe, der er auch heute noch ist: mächtig, liebevoll und perfekt. Er wird dich nie verlassen oder dich enttäuschen. Jeden Tag kannst du dich auf seine Begleitung und seine Liebe verlassen.

Lieber Gott, ich kann mich immer darauf verlassen, dass du wie ein treuer Begleiter bei mir bist. Das ist toll!

Bring Licht ins Dunkel!

Können sich andere auf dich verlassen? Überleg dir, für wen du morgen ein treuer Freund oder eine zuverlässige Freundin sein kannst.

60

ALLE WERDEN SATT

Als ich Hunger hatte, habt ihr mir etwas zu essen gegeben.

NACH MATTHÄUS 25,35

Was haben Bären, Streifenhörnchen, Fledermäuse, Dosenschildkröten, Strumpfbandnattern, Igel und Waldfrösche gemeinsam?

Jeden Winter kuscheln sie sich an einen warmen Platz und schlafen – oder überwintern – ganz, ganz lange. Dabei schlagen ihre Herzen seeehr langsam. Sie atmen nur noch selten.

Diese Tiere (und viele andere auch) überwintern, damit sie

in den Monaten, in denen es wenig Nahrung gibt, Kraft sparen können und nicht nach Essen suchen müssen.

Auch manche Familien haben Schwierigkeiten, für gutes Essen zu sorgen. Vielleicht ist ihr Papa oder ihre Mama krank geworden und niemand hat Zeit zum Einkaufen und Kochen. Oder sie haben zu wenig Geld, um sich Lebensmittel kaufen zu können.

Jesus hat seinen Freunden gesagt, dass sie ihr Essen mit denen teilen sollen, die es nötig haben. Das ist dann fast so, als würden wir unser Essen mit Jesus selbst teilen! Gott hat uns nicht als Lebewesen geschaffen, die Winterschlaf halten. Er hat uns Freunde und Nachbarn gegeben, die uns helfen können, wenn wir Probleme haben.

Lieber Gott, ich möchte anderen Menschen helfen, die in Not sind. Bitte zeig mir, was ich tun kann.

Bring Licht ins Dunkel!

Frag deine Eltern, ob sie jemanden kennen, der gerade Hilfe braucht. Vielleicht könnt ihr eine Mahlzeit oder einen Kuchen vorbeibringen. Oder ihr könnt Geld oder Lebensmittel an eine Einrichtung spenden, die Menschen in Not versorgt.

61

DREIFACHE FREUNDE

Wir sind Gottes Kinder! Gott schenkt uns den Heiligen Geist, denselben Geist, den auch sein Sohn Jesus Christus hat.

NACH GALATER 4,6

Hast du neben deinem Bett ein Glas Wasser stehen? Wasser ist erstaunlich! In der Natur begegnet es uns in unterschiedlichen Formen: als Wasser in Flüssen, Seen oder Meeren. Als Nebel über den Wiesen und Wäldern. Oder als Eis auf den Gletschern in den Bergen.

Wasser hat drei verschiedene Formen: flüssig, gasförmig, fest. Auch Gott hat drei Formen: der Vater, der Sohn und der Heilige Geist. Alle drei Erscheinungsformen haben verschiedene Funktionen, aber sie sind trotzdem alle zusammen ein Gott. Das ist ganz schön kompliziert!

Bevor Gott unsere Welt schuf, lebten Vater, Sohn und Geist in Liebe zusammen. Als Gott uns Menschen schuf, wünschte er sich, dass wir alle gemeinsam in Freundschaft leben. Dann kam Jesus, der Sohn, auf die Welt, um die Trennung zwischen uns Menschen und Gott – die Sünde – zu überwinden. Und als Jesus die Erde verließ, sandte Gott seinen Heiligen Geist, der in den Herzen aller Menschen lebt, die Gott lieb haben.

Lieber Gott, das alles ist nicht einfach zu verstehen. Du bist drei Personen und doch eins! Danke, dass ich weiß, dass du immer bei mir bist.

Bring Licht ins Dunkel!

Wusstest du, dass Pfingsten das Fest des Heiligen Geistes ist? Wir feiern an dem Tag, dass Gott uns seinen Heiligen Geist gesandt hat.

62

STERNENKARTE

Gott sagt: »Ich sage dir, was du tun sollst,
und zeige dir den richtigen Weg.«

NACH PSALM 32,8

Früher benutzten Seefahrer die Sterne, um ihren Weg über die Meere zu finden. Ein Stern – der Polarstern – bleibt immer am gleichen Platz, während sich von der Erde aus gesehen die

Position der anderen Sterne verändert. Die Seefahrer wussten, wo die Sterne je nach Ort und Jahreszeit stehen mussten, und konnten auf diese Weise ihren Weg finden. Gott hatte ihnen mit dem Sternenhimmel eine riesige Karte gegeben.

Gott hat auch uns eine Karte gegeben, die uns auf dem Weg durch unser Leben Orientierung gibt und den Weg zeigt. Diese Karte ist die Bibel. Darin finden wir viele Hinweise, die uns helfen, unser Leben gut zu gestalten. Wir lesen darin ganz viel von Gottes Liebe zu uns Menschen. Das hilft uns, uns und den anderen mit Liebe zu begegnen. Und es ist von Vergebung die Rede – das zeigt uns, wie wir uns mit Gottes Hilfe gegenseitig verzeihen können, wenn etwas schiefgegangen ist.

Lieber Gott, danke für die Bibel!

Bring Licht ins Dunkel!

Es gibt sehr viele verschiedene Bibelausgaben – für Erwachsene, für Kinder, mit Bildern oder ohne. Hast du selbst eine Bibel? Wenn nicht, bitte deine Eltern, ob du dir eine ausleihen darfst und ob sie dir daraus vorlesen können.

63

TAG UND NACHT

Gott, dein Beschützer, schläft nicht.

NACH PSALM 121,3

Denkst du, du könntest mit einem offenen Auge schlafen? Probiere es mal aus! Es wird sehr wahrscheinlich nicht funktionieren. Aber Enten können das.

Wenn es Zeit wird zum Schlafen, setzen sich Enten nebeneinander hin. Die Enten in der Mitte schließen beide

Augen, aber die Enten rechts und links halten jeweils ein Auge offen. So können sie nach Gefahren Ausschau halten und sich gegenseitig beschützen.

Genau wie die Enten in der Mitte wissen, dass ihre Artgenossen auf sie aufpassen, gibt es auch jemanden, der auf uns achtet. Das ist Gott. Deshalb müssen wir uns keine Sorgen machen, sondern dürfen ganz beruhigt schlafen. In der Bibel heißt es sogar, dass Gott überhaupt nicht schläft. Wir wissen also: Egal ob Tag oder Nacht; Gott passt immer auf uns auf. Und er ist auch jederzeit bereit, wenn wir zu ihm beten, und hört uns immer zu.

Lieber Gott, es ist gut zu wissen, dass du immer wach bist und mich beschützt. Danke!

Bring Licht ins Dunkel!

Weißt du, warum wir Menschen die Augen beim Schlafen schließen? Das schützt uns vor neuen Eindrücken und hilft uns, zur Ruhe zu kommen. Außerdem können auf diese Weise keine Fremdkörper in unsere Augen eindringen und sie verletzen.

EIN BESONDERES BUCH

Gottes Wort ist voller Leben und Kraft.

NACH HEBRÄER 4,12

Gibt es etwas Lebendiges in deinem Zimmer – außer dir natürlich? Vielleicht hast du ein Aquarium mit Fischen oder einen Hund oder eine Katze, die gerne bei dir schlafen. Oder es steht eine Pflanze vor deinem Fenster (Pflanzen sind auch lebendig).

Wusstest du, dass Christen von der Bibel sagen, sie sei »das lebendige Wort von Gott«? Keine Angst – eine Bibel wird nicht vom Regal springen und durch dein Zimmer laufen! Das ist damit nicht gemeint.

»Lebendiges Wort« bedeutet, dass es nicht nur ganz normale Geschichten von früher sind, die in der Bibel stehen, sondern dass Gott durch diese Geschichten und Worte auch heute noch zu uns Menschen spricht. Die Worte, die in der Bibel stehen, sind heute noch für unser Leben wichtig. Der Heilige Geist Gottes hilft uns dabei, sie zu verstehen.

Lieber Gott, danke für die Bibel. Ich möchte viel über dich lernen. Hilf mir dabei!

Bring Licht ins Dunkel!

Kennst du schon einen Bibelvers, der für dich wichtig ist? Frag deine Eltern oder andere Erwachsene, ob es in ihrem Leben Bibelverse gibt, die ihnen viel bedeuten.

65

CAMPING

Unser Zuhause ist im Himmel, wo Gott wohnt.

NACH PHILIPPER 3,20

Hast du schon einmal gezeltet? Dabei kann man viele coole Sachen machen: Sterne beobachten, Lagerfeuer machen, Stockbrot oder Marshmallows rösten. Es ist aufregend, die Nacht draußen zu verbringen — nur mit einer dünnen Zeltwand zwischen dir und der Natur.

Camping macht Spaß, aber vermutlich bist du froh, dass du nicht für immer draußen leben musst. Im Winter kann das ganz schön kalt werden! Dann würdest du dich nach der Wärme eines Hauses sehnen. Bei Regen und Schnee würdest du dir Wände und ein festes Dach über dem Kopf wünschen; du würdest Strom und fließendes Wasser vermissen.

Die Bibel sagt, dass unser eigentliches Zuhause im Himmel bei Gott ist. Dort wird alles größer, schöner und perfekter sein als jetzt hier auf der Erde. Vielleicht ist das ein bisschen so, wie wenn man nach dem Campingurlaub in sein Zuhause zurückkommt. Aber das Beste ist: Gott wartet dort auf uns!

Lieber Gott, ich bin froh, dass im Himmel ein tolles Zuhause auf uns wartet.

Bring Licht ins Dunkel!

Du brauchst: Papier und Stifte

Wie sieht dein Traumhaus aus? Male es auf ein großes Blatt Papier!

66

EINANDER VERGEBEN

Seid zueinander freundlich und hilfsbereit
und vergebt euch gegenseitig.

NACH EPHESER 4,32

Deine kleine Schwester hat es schon wieder getan! Schon wieder hat sie dein Handtuch benutzt. Als du dich nach dem Baden abtrocknen willst, ist es schon nass und schmutzig.

Eine Familie zu haben, ist großartig – und manchmal auch frustrierend. Geschwister können Freunde fürs Leben sein, aber sie können uns auch gehörig auf die Nerven gehen und uns ärgern.

Gott freut sich, wenn wir einander vergeben und in Frieden miteinander leben. Er sagt nicht, dass das einfach ist! Wann immer es dir schwerfällt, jemanden lieb zu haben oder ihm zu vergeben, dann möchte Gott dir helfen.

Wenn du merkst, dass du wütend auf jemanden bist, dann hole tief Luft, bevor du etwas sagst. Du kannst ein kurzes Gebet sprechen: »Lieber Gott, bitte hilf mir jetzt.« Und dann kannst du versuchen, dem anderen ruhig zu erklären, warum du wütend bist. Auf diese Weise könnt ihr eure Auseinandersetzung klären, euch entschuldigen und einander vergeben.

Lieber Gott, danke, dass du mir vergibst, wenn ich einen Fehler mache. Ich möchte gerne, dass du mir hilfst, diesem Menschen zu vergeben: _____.

Bring Licht ins Dunkel!

Gibt es eine Situation, in der es nötig wäre, dass dir jemand vergibt? Dann geh morgen zu dieser Person und bitte sie um Entschuldigung.

GOTTES EHRENPLATZ

Wisst ihr das schon? Der Heilige Geist Gottes
wohnt in euch. Ihr seid sein Ehrenplatz.

NACH 1. KORINTHER 3,16

Schon immer haben Menschen besondere Orte geschaffen, an denen sie Gott begegnen können. In der Bibel lesen wir im Alten Testament vom Tempel, den König Salomo in Jerusalem gebaut hat. Im Neuen Testament erfahren wir dann, dass Gott

nicht nur an besonderen Orten lebt, sondern durch seinen Heiligen Geist in unserem Herzen wohnt. Das heißt, wir selbst sind so eine Art Tempel oder Kirche für Gott!

Das bedeutet, dass du nicht an einem bestimmten Tag an einen bestimmten Ort gehen musst, um mit Gott zu sprechen. Das kannst du überall tun! Du kannst mit ihm reden, wenn du im Bett liegst. Du kannst beten, wenn du auf dem Spielplatz schaukelst. Du kannst ihn sogar beim Fernsehen oder in der Badewanne loben.

Lieber Gott, ich bin glücklich, dass du ganz nah bei mir bist.

Bring Licht ins Dunkel!

Auch bei uns gibt es besondere Orte, die Menschen für Gott gebaut haben: Kirchen. In fast jeder Stadt gibt es große und kleine Kirchen, ganz einfache oder prächtig geschmückte. Warst du schon einmal in einer Kirche? Frag deine Eltern, ob ihr euch bei Gelegenheit eine anschauen könnt.

SCHNEEWEISS

Gott, vergib mir das, was ich falsch gemacht
habe. Dann werde ich weißer als Schnee.

NACH PSALM 51,9

Gibt es dort, wo du lebst, im Winter manchmal Schnee?
Du gehst abends ins Bett. Draußen ist alles dunkel, trübe
und grau. Doch wenn du morgens aufwachst, ist alles in helles
Licht getaucht. Glitzernder Schnee bedeckt die Welt wie eine

schöne weiße Decke. Es sieht fast so aus, als wäre alles ganz neu geschaffen worden!

Manchmal wünschen wir uns auch in unserem Leben so eine schöne weiße Schneedecke. Manche Dinge sind wie hässliche graue Flecken: Streit, Hass, Neid.

Gott will uns das, was wir falsch gemacht haben, vergeben. Dann verschwindet der Schmutz. Gott nimmt ihn weg, sodass unser Leben wieder so sauber ist wie weißer Schnee.

Wir dürfen ihn jeden Tag um Vergebung bitten. Ist das nicht toll? Das ist tatsächlich so, als würdest du jeden Morgen vor einer glitzernden Schneewelt stehen.

Lieber Gott, danke, dass du den wunderschönen, glitzernden Schnee erschaffen hast! Und danke, dass du mir das vergibst, was ich heute falsch gemacht habe.

Bring Licht ins Dunkel!

Kennst du Schneekugeln? Das sind Glaskugeln, in denen sich eine Figur oder das Modell eines Gebäudes, z. B. einer Sehenswürdigkeit, befindet. Schüttelt man diese Glaskugel ein wenig, wirbeln glitzernde weiße Flocken umher. Das sieht toll aus!

69

FREUDENSPRÜNGE

Singt ein Lied für Gott und jubelt ihm zu!

NACH PSALM 33,3

Hunde oder Katzen haben das tatsächlich manchmal: einen unkontrollierten Energieausbruch. Dann springen und rasen sie herum, wälzen sich und sind kaum zu bändigen. Einfach nur,

weil es ihnen gerade so richtig gut geht! Blöd nur, wenn das mitten in der Nacht passiert, wenn wir Menschen eigentlich schlafen wollen.

Warst du schon mal so glücklich, dass du vor Freude nicht stillhalten konntest? Vielleicht erinnerst du dich an einen Moment, an dem du so richtig und vollkommen glücklich warst. Als du ein Geschenk bekommen hast, das du dir lange gewünscht hast. Als du mit deinem besten Freund im Schwimmbad getobt hast. Als deine Oma dich ganz fest umarmt hat. Als du mit deiner Freundin ein riesengroßes Eis gegessen hast. Als dir eingefallen ist, dass Gott dich richtig doll liebt!

Gott schenkt uns viele wunderbare Dinge in unserem Leben. Deswegen ist es toll, wenn du ihm dafür »Danke« sagst. Du darfst auch vor Freude in die Luft springen, weil Gott dich lieb hat.

Lieber Gott, danke für die vielen schönen Dinge, die du mir schenkst. Heute war ich besonders glücklich, als ich _____.

Bring Licht ins Dunkel!

Sing dein ganz eigenes Lied für Gott! Du kannst die Melodie von deinem Lieblingslied nehmen und darauf deinen eigenen Text singen, in dem du Gott sagst, warum du ihn toll findest.

EIN SPIEGELBILD

Gott sagte: »Ich will Menschen erschaffen,
die mir ähnlich sein sollen.«

NACH 1. MOSE 1,26

Malst du gerne? Es macht Spaß zu beobachten, wie Buntstifte oder Wasserfarben ein weißes Blatt in farbenfrohe Gemälde verwandeln können. Du kannst malen, was du willst: Blumen, Tiere, Menschen, Autos, Fahrräder, Häuser, Schlösser, Dinosaurier … deiner Fantasie sind keine Grenzen gesetzt.

Wusstest du, dass Gott auch ein sehr kreativer Künstler ist? Er liebt es, schöne Dinge zu erschaffen. Möchtest du ein Beispiel sehen? Dann schau in den Spiegel!

Bevor du geboren wurdest, hat Gott an dich gedacht. Er suchte sich die Form deiner Nase und die Anzahl deiner Sommersprossen aus. Er überlegte sich eine Haar- und Augenfarbe für dich. Er gestaltete sogar deine Persönlichkeit. Gott sagt, dass alle Menschen nach seinem Ebenbild, also nach seinem Vorbild, erschaffen wurden. Wir sind also so etwas wie ein Spiegel, der Gottes Schönheit, Kreativität und Besonderheit widerspiegelt.

Lieber Gott, danke, dass du mich so besonders und einzigartig geschaffen hast.

Bring Licht ins Dunkel!

Denk darüber nach, wie besonders Gott dich und andere Menschen geschaffen hat. Was macht dich einzigartig? Was ist das Besondere an deiner Mama oder deinem Papa? Dass wir alle so unterschiedlich sind, wäre doch mal ein Anlass, um eine tolle Party zu feiern, oder?

71

ARM UND REICH ...

Gott schenkt uns seine grenzenlose Güte.

NACH JOHANNES 1,16

Hast du ein Sparschwein oder eine Spardose? Sparst du dein Taschengeld, um dir einen großen Wunsch zu erfüllen?

Geld ist für viele Menschen ein schwieriges Thema. Es gibt viele Familien, die nur wenig Geld zur Verfügung haben. Sie

können es sich nicht leisten, in den Urlaub zu fahren, oder sie müssen lange sparen, um sich etwas Neues kaufen zu können.

Dann gibt es aber auch Familien, denen es sehr gut geht. Sie wohnen in einem großen Haus, fahren oft in Urlaub und können sich immer das neueste Handy kaufen.

Niemand kann sich seine Familie aussuchen: ob arm oder reich, ob es eine Familie mit vielen Kindern ist oder ob man als Einzelkind aufwächst, ob hier in unserem Land oder in einem anderen. Manchmal kommt uns das sehr ungerecht vor.

Gott liebt uns alle gleich, egal aus welcher Familie wir kommen. Und er freut sich, wenn wir ein bisschen von dem, was wir haben, an Menschen abgeben, denen es nicht so gut geht.

Lieber Gott, ich verstehe nicht, warum manche Menschen arm sind und manche reich. Danke, dass du alle gleich lieb hast. Hilf mir, von dem, was ich habe, an andere abzugeben.

Bring Licht ins Dunkel!

Kannst du fünf Dinge aufzählen, die heute schön waren und die nichts mit Geld zu tun hatten? Z. B.: Es war tolles Wetter, deine Oma hat dich besucht, du hast mit deiner Freundin gespielt ...

WOVON TRÄUMST DU?

Ein Mensch beurteilt einen anderen nach seinem Äußeren. Gott aber achtet auf das Herz.

NACH 1. SAMUEL 16,7

Die meisten Menschen träumen davon, Erfolg zu haben. Wir möchten bekannt sein wie ein Formel-1-Fahrer oder berühmt wie ein TikTok-Star. Daran messen wir uns und andere Menschen.

In der Bibel lesen wir von einem kleinen Jungen, der sehr viele große Brüder hatte. Eines Tages gab Gott dem Propheten Samuel den Auftrag, zu dieser Familie zu gehen und einen der Söhne für eine besondere Aufgabe auszuwählen. Natürlich dachten alle, dass einer der großen, starken Brüder der Richtige für diese Aufgabe wäre. Aber Gott sagte jedes Mal: »Nein, der ist es nicht!«

Ganz am Schluss fiel der Familie ein, dass es ja noch den kleinen, unscheinbaren Bruder gab. Und tatsächlich – das war derjenige, den Gott für diese besondere Aufgabe ausgesucht hatte. Das hatte niemand erwartet!

Übrigens: Dieser kleine Junge hieß David. Gott machte ihn zum König über das Volk Israel. Noch heute kennen wir seinen Namen und singen seine Lieder (die Psalmen aus der Bibel).

Lieber Gott, es ist nicht immer einfach, klein zu sein. Danke, dass du nicht nur die Großen und Starken siehst, sondern besonders die Kleinen und Schüchternen lieb hast.

Bring Licht ins Dunkel!

Es war genau dieser kleine David, der gegen den Riesen Goliat kämpfte. Kennst du diese Geschichte? Vielleicht findest du jemanden, der sie dir vorlesen oder erzählen kann!

EINE BESONDERE UMARMUNG

Freuen dürfen sich diejenigen, die traurig
sind: Sie werden getröstet.

NACH MATTHÄUS 5,4

Würdest du es dir gerne im Maul eines Krokodils gemütlich machen? Ganz bestimmt nicht! Aber Baby-Krokodile machen genau das.

Krokodile sehen böse und gefährlich aus, aber sie sind wunderbare Mamas. Um ihre Babys vor Gefahren zu schützen, nehmen die Mütter sie in den Mund. In dieser Umarmung der großen, spitzen Zähne fühlen sich die kleinen Krokodile sehr wohl und behütet.

Genau wie Baby-Krokodile brauchen auch wir Geborgenheit, wenn wir Angst haben oder traurig sind. Eine liebevolle Umarmung hilft, unsere Herzen zu beruhigen. Alle Menschen fühlen sich besser, wenn sie wissen, dass sie geliebt werden und nicht allein sind.

Im Leben gibt es manchmal Zeiten, in denen wir traurig sind. Wie gut, dass es dann andere Menschen gibt, die uns umarmen und trösten! Und auch Gott verspricht, dass er uns nie allein lässt.

Lieber Gott, danke für die Umarmung von lieben Menschen, die mich trösten. Und danke, dass du auch immer bei mir bist.

Bring Licht ins Dunkel!

Auch Erwachsene brauchen manchmal eine Umarmung. Drück deine Eltern oder Großeltern ganz fest und sag ihnen, dass du sie lieb hast!

74

HUNGRIGE HERZEN

Freuen dürfen sich diejenigen, die hungrig sind: Sie werden satt.

NACH MATTHÄUS 5,6

K*nurr, knurr!* Was ist das für ein Geräusch?

Es ist kein Donner. Es ist kein Flugzeug und auch kein Lkw, der an deinem Fenster vorbeifährt. Es ist das Knurren eines hungrigen Magens!

Wenn wir sehr hungrig sind, kriegen wir dieses komische Gefühl im Bauch. Jetzt ist es allerhöchste Zeit, etwas zu essen! Danach fühlen wir uns sehr viel besser.

Gott sagt, dass das Gleiche auch in unserem Herzen passiert. Unsere Herzen können auch hungrig werden: nach Liebe, nach Freude, nach einem guten Leben. Wenn wir unser Herz dann mit guten Dingen »füttern« – mit Gottes Wort –, dann geht es uns besser. Wir werden satt und stark.

Wenn wir beten oder Geschichten aus der Bibel hören, kriegen wir neue Kraft für unser Leben.

Also hör auf dein Herz! Hat es heute schon geknurrt?

Lieber Gott, ich möchte mein Herz mit den richtigen Dingen füttern. Hilf mir bitte dabei!

Bring Licht ins Dunkel!

Du brauchst: Papier, Stifte

Was isst du am liebsten? Male ein Bild davon und frag deine Eltern, ob es das mal wieder zu essen geben kann. Vielleicht kannst du beim Kochen helfen?

75

DER GUTE HIRTE

Gott ist wie ein guter Hirte für mich. Darum leide ich keine Not.

NACH PSALM 23,1

Viele Tiere kommen gut allein zurecht. Aber Schafe nicht. Obwohl sie meistens in einer großen Herde unterwegs sind, brauchen sie jemanden, der sie vor Wölfen oder Füchsen beschützt. Wenn niemand auf sie aufpasst, können sie sich leicht verirren oder verletzen. Schafe brauchen einen Hirten, der sie

leitet, für gutes Futter und Wasser sorgt und ihnen jedes Jahr die Wolle schert.

Manchmal sind wir Menschen ein bisschen wie ein Schaf. Wir treffen unüberlegte Entscheidungen oder geraten in Schwierigkeiten. Wir brauchen jemanden, der uns den richtigen Weg zeigt. Deswegen wird in der Bibel häufig das Bild von den Schafen benutzt, wenn es um uns Menschen geht. Unser guter Hirte heißt Jesus. Wenn wir Hilfe brauchen, können wir ihn um Rat fragen. Wenn wir unsicher oder traurig sind, können wir mit ihm sprechen.

Lieber Gott, danke, dass du auf mich aufpasst. Ich bin froh, dass du mein Hirte bist!

Bring Licht ins Dunkel!

Du brauchst: Pappteller, Watte, Kleber, Schere, festes Papier

Morgen kannst du ein Schaf basteln! Du benötigst dafür einen weißen Pappteller. Darauf klebst du viele kleine und große Watteflocken. Aus festem Papier schneidest du (oder ein Erwachsener) ein Gesicht und Beine aus und klebst sie an den Teller. Fertig!

HELDENHAFTE RITTER

Glücklich ist der Mensch, der sich für die Schwachen einsetzt.

NACH PSALM 41,2

Vor vielen, vielen Jahren gab es Männer, die als Ritter lebten. Sie wohnten auf großen Burgen und besaßen Rüstungen und Schwerter.

Ein Ritter hatte verschiedene Aufgaben. Eine Aufgabe war es z. B., dass sie Menschen beschützten, die schwach waren,

und sich für sie einsetzten. Und sie sollten ein Leben führen, das Gott gefällt.

Wir laufen heute zwar nicht mehr mit einem Ritterkostüm herum – es sei denn, es ist Fasching –, aber uns für Schwache oder Benachteiligte einzusetzen, das können wir auch. Und das findet Gott auch heute noch gut!

Du kannst dich um ein Kind kümmern, das von anderen Kindern geärgert oder ausgelacht wird. Du kannst älteren Menschen helfen, indem du ihnen einen Sitzplatz im Bus anbietest oder etwas aufhebst, das ihnen runtergefallen ist. Du kannst dich um deine kleinen Geschwister kümmern und mit ihnen spielen. Fällt dir noch etwas anderes ein?

Lieber Gott, ich möchte ein moderner Ritter sein und anderen Menschen helfen und sie beschützen!

Bring Licht ins Dunkel!

Jesus, Gottes Sohn, hat sich besonders um die Menschen gekümmert, die keine Freunde hatten oder die in den Augen der anderen unwichtig waren. Kennst du schon eine Geschichte, die davon erzählt? Wenn nicht, frag die Person, die dich ins Bett bringt, ob sie dir eine erzählen kann!

77

MIT DEINEM GANZEN VERSTAND

Liebe Gott mit deinem ganzen Herzen, ganzer Hingabe und ganzem Verstand.

NACH MATTHÄUS 22,37

Wenn ein Delfin schläft, dann bleibt eine Hälfte seines Gehirns wach. Später schläft dann diese Seite ein und die andere Hälfte – die schon ausgeruht ist – übernimmt die Wache. Auf diese Weise kann der Delfin steuern, dass er beim Schlafen genug atmet.

In unserem Bibelvers für heute steht, dass wir Gott mit unserem ganzen Verstand lieben sollen – nicht nur mit der Hälfte. Kennst du den Ausdruck »halbherzig dabei sein«? Das heißt, dass wir uns nicht wirklich für eine bestimmte Sache interessieren. Unser Herz beschäftigt sich lieber mit anderen Dingen.

Gott freut sich, wenn wir uns darauf konzentrieren, ihn besser kennenzulernen. Das ist eine Art, ihm zu zeigen, dass wir ihn lieb haben.

Das kannst du tun, indem du in der Bibel nachliest, was andere Menschen mit Gott erlebt haben. Du kannst dich mit der Natur beschäftigen; dann siehst du, wie kreativ und klug Gott alles erschaffen hat. Du kannst anderen Menschen helfen, um ihnen zu zeigen, dass Gott sie lieb hat.

Lieber Gott, ich möchte dich mit meinem ganzen Verstand lieben. Hilf mir, ihn weise zu benutzen!

Bring Licht ins Dunkel!

Wir können unseren Verstand auf viele verschiedene Arten trainieren: indem wir uns Lösungen für ein Problem überlegen; etwas auswendig lernen; ein Rätsel lösen. Wusstest du, dass man besonders gut lernen kann, wenn man sich dabei bewegt – also z. B. im Zimmer hin und her läuft?

78

DAS SCHÖNSTE OUTFIT

Ihr seid Gottes Kinder. Deshalb sollt ihr euch das überziehen, was Gott gefällt: z. B. Freundlichkeit und Barmherzigkeit.

NACH KOLOSSER 3,12

Abendbrot gegessen? Check. Zähne geputzt? Check. Gesicht gewaschen? Check.

Jetzt ist es Zeit, ins Bett zu gehen. Was ziehst du an: eine Badehose oder einen Schlafanzug?

Selbst wenn du dich darauf freust, dass ihr morgen ins Schwimmbad gehen wollt, ist jetzt der Schlafanzug an der Reihe. Er ist weich und bequem und du kannst dich gemütlich einkuscheln. Morgen früh kannst du die Kleidung anziehen, die du für den Tag brauchst.

In der Bibel gibt es einen Vers, in dem es heißt, dass wir uns das anziehen sollen, was Gott gefällt: Freundlichkeit, Barmherzigkeit, Geduld. Das ist das schönste Outfit! Es ist manchmal ganz schön schwierig, nett und freundlich und geduldig zu sein. Vielleicht hast du auch das Gefühl, dass der Pullover »Geduld« für dich noch viel zu groß ist.

Gott will dir helfen, dass du nach und nach in diese Eigenschaften hineinwächst. Er freut sich, wenn du dir jeden Tag vornimmst, wieder seine »Kleider« anzuziehen.

Lieber Gott, ich möchte deine besonderen Kleidungsstücke auch tragen. Ich glaube, diese Eigenschaft passt mir noch nicht so gut: _____ Bitte hilf mir hineinzuwachsen!

Bring Licht ins Dunkel!

Welches »echte« Kleidungsstück magst du am liebsten? Ein schönes Kleid, einen gemütlichen Pullover, das T-Shirt mit dem Dinosaurier? Warum gefällt es dir so gut?

ÜBERNACHTUNGSPARTY!

Jesus hatte seine Freunde Marta, Maria und Lazarus lieb.

NACH JOHANNES 11,5

Wusstest du, dass Jesus auf Übernachtungspartys war?

In einem kleinen Ort namens Bethanien lebten drei Geschwister, mit denen Jesus gut befreundet war. Sie hießen Lazarus, Marta und Maria. Jesus besuchte sie ab und zu. Dann blieb er einige Tage bei ihnen, übernachtete dort und verbrachte viel Zeit mit ihnen.

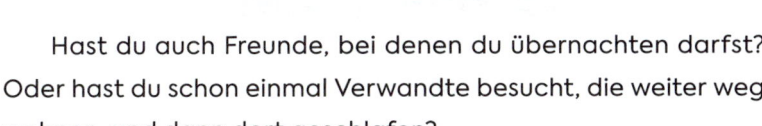

Hast du auch Freunde, bei denen du übernachten darfst? Oder hast du schon einmal Verwandte besucht, die weiter weg wohnen, und dann dort geschlafen?

Es ist aufregend, woanders zu schlafen. Aber es macht auch richtig viel Spaß! Wenn du Zeit mit Menschen verbringst, zeigst du ihnen damit, dass sie wichtig für dich sind. Du drückst auf diese Weise deine Liebe und Wertschätzung für sie aus. Und auch die Gastgeber zeigen dadurch, dass sie dich einladen und sich Zeit für dich nehmen, dass du ihnen wichtig bist.

Lieber Gott, danke, dass du mir Freunde und Verwandte geschenkt hast, mit denen ich gerne Zeit verbringe. Danke, dass sie sich Zeit für mich nehmen!

Bring Licht ins Dunkel!

Du brauchst: Papier, Stifte, ggf. Bastelmaterial

Wenn wir irgendwo eingeladen sind, bringen wir häufig ein Gastgeschenk mit, um uns für die Einladung zu bedanken. Für wen könntest du ein Mitbringsel basteln oder malen?

80

ERZÄHL MIR VON FRÜHER!

Erinnert euch an frühere Zeiten. Fragt eure
Vorfahren, was sie erlebt haben.

NACH 5. MOSE 32,7

Wusstest du, dass kleine Elefanten viel von ihren Omas lernen? Elefanten haben oft ein langes Leben. Deshalb gibt es in vielen Herden eine ältere Elefantenkuh, die Elefanten-Oma.

Sie hilft dabei, auf die kleinen Elefanten aufzupassen. Sie bringt ihnen wichtige Dinge bei und führt die ganze Herde zu Wasser- oder Futterstellen.

Auch du kannst von deinen Großeltern oder anderen älteren Menschen viel lernen. Sie haben oft viel Zeit und freuen sich, wenn sie mit dir etwas spielen oder dir Geschichten erzählen können. Sie haben viel in ihrem Leben erlebt. Oft können sie dir auch davon erzählen, was sie in ihrem Leben mit Gott erlebt haben, oder sie lesen dir gerne Geschichten aus der Bibel vor.

Lieber Gott, danke für meine Großeltern und andere ältere Menschen. Danke, dass sie mir vieles erzählen und erklären können.

Bring Licht ins Dunkel!

Denk dir eine Frage aus, die du deinen Großeltern stellen könntest: »Was hast du gerne gespielt, als du klein warst?« oder: »Was war dein Lieblingsessen?« oder: »Wie war es früher in der Schule?«

HALLELUJA!

Alles, was lebt, soll Gott den Herrn loben! Lobt Gott! Halleluja!

NACH PSALM 150,6

Halleluja!
Hast du dieses Wort schon einmal gehört? Es kommt in vielen Liedern oder Bibelversen vor. Das Wort stammt aus dem Hebräischen. Das ist die Sprache, die in Israel gesprochen wird.

Der erste Teil der Bibel, das Alte Testament, war ursprünglich in dieser Sprache geschrieben.

»Halleluja« heißt übersetzt: »Lobt Gott!« Wir benutzen das Wort häufig, wenn wir uns freuen oder über etwas jubeln. »Halleluja!«

Wenn du das nächste Mal diesen Ausdruck hörst oder selbst aussprichst, dann erinnere dich daran, dass du Gott damit lobst. Loben bedeutet, dass wir Gott für das danken, was er uns schenkt. Wir sagen ihm, dass wir ihn lieb haben und dass er der König unseres Herzens ist.

Lieber Gott, halleluja! Du bist ein großer König. Danke, dass du mich lieb hast!

Bring Licht ins Dunkel!

Es gibt sehr viele Lieder, in denen »Halleluja« gesungen wird. Kennst du auch eines? Oder vielleicht kennen deine Eltern, Großeltern, Geschwister eines? Wenn ihr wollt, könnt ihr jetzt noch ein Lied gemeinsam singen!

WIR LOBEN GOTT!

Egal, was ihr tut, ob ihr esst oder trinkt oder irgendetwas
anderes: Alles soll zu Gottes Ehre geschehen.

NACH 1. KORINTHER 10,31

Moment, denkst du jetzt. Haben wir nicht erst gestern über
das Loben gesprochen? Da ging es doch ums Singen und um
das »Halleluja«.

Heute geht es um eine andere Art des Lobens. Denn wir loben Gott nicht nur, indem wir singen. (Das ist eine gute Nachricht für alle, die nicht gerne singen oder glauben, sie könnten es nicht!) Wir loben Gott in allen Dingen unseres Lebens.

Wie kannst du Gott beim Essen loben? Indem du ihm dankst: dass Gott Pflanzen und Tiere wachsen lässt; dass du etwas zu essen hast; dass es Menschen gibt, die sich um dein Essen kümmern. Und du lobst Gott auch, wenn du dich bei denen bedankst, die für dich einkaufen, kochen, Tisch decken und abspülen. Du kannst Gott loben, wenn du ihnen dabei hilfst.

Du kannst Gott auch beim Turnen danken! »Danke, lieber Gott, dass ich herumhüpfen und Radschlag machen kann! Ich lobe dich, dass du mich so geschaffen hast, wie ich bin.«

Lieber Gott, ich möchte dich mit meinem ganzen Leben loben. Danke, dass du mich so wunderbar geschaffen hast!

Bring Licht ins Dunkel!

Womit möchtest du Gott loben? Gibt es etwas, das du besonders gut kannst oder besonders gerne machst?

83

WIESO? WESHALB? WARUM?

Das, was ich jetzt weiß, ist unvollständig. Wenn ich einmal bei Gott bin, werde ich ihn verstehen.

NACH 1. KORINTHER 13,12

Wie weit ist der fernste Stern von der Erde entfernt? Schlafen Engel in der Nacht? Wieso kann ich mich nicht an alle meine Träume erinnern? Hast du viele Fragen? Da bist du nicht allein! Schon seit

Anfang der Welt stellen Menschen viele Fragen. Kannst du dir vorstellen, wie Adam und Eva reagiert haben, als sie das erste Mal einen Affen sahen? Wahrscheinlich riefen sie: »Was ist das denn?«

Hast du Fragen über Gott? Würdest du ihn manchmal gerne besser verstehen? Das ist gut! Gott freut sich, wenn du ihn immer besser kennenlernen willst. Aber es gibt Fragen, die kann dir niemand beantworten, noch nicht einmal die schlauste Person der Welt. Das liegt daran, dass Gott so unglaublich groß ist – so groß, dass unser menschliches Gehirn ihn nicht komplett begreifen kann.

Eines Tages werden wir aber viel, viel mehr verstehen. Wenn wir einmal bei Gott im Himmel sind, wird er unsere Fragen beantworten. Bis dahin gilt: Bleib neugierig!

Lieber Gott, ich würde gerne Folgendes wissen: _____

Bring Licht ins Dunkel!

Bitte die Person, die dich ins Bett bringt, dir zu verraten, ob sie auch Fragen an Gott hat – und welche das sind. (Es ist aber auch okay, diese Fragen niemandem zu verraten, wenn du das nicht möchtest.)

84

TRAU DICH!

Gott ist wie ein sicherer Schutz für alle, die Angst haben.

NACH PSALM 9,10

Du darfst bei einem Freund zu Hause übernachten. Er hat ein tolles Hochbett und lässt dich sogar darin schlafen. Eine lange Leiter reicht vom Boden bis hoch zum Bett. Die Leiter sieht stabil aus. Dein Freund erzählt dir, dass er jeden Abend daran hochklettert. Du glaubst das. Aber um zu beweisen, dass du der

Leiter traust, musst du mehr tun, als dir vorzustellen, wie jemand anderes die Leiter hinaufsteigt. Du musst selbst hochklettern!

So ähnlich ist es in unserer Freundschaft mit Gott. Wir können aus der Bibel oder von anderen Menschen viel über Gott hören und lernen. Aber wenn wir wirklich Gottes Freund sein wollen, müssen wir auch eine Leiter hinaufsteigen: Man nennt sie »Vertrauen« oder »Glauben«. Das bedeutet, dass wir das, was wir hören und lesen, auch für wahr halten und sagen: »Ja, Gott, ich glaube, dass du mich lieb hast. Und ich will dir vertrauen.«

**Lieber Gott, es fällt mir nicht immer leicht,
dir zu vertrauen. Bitte hilf mir dabei!
Danke, dass du mein Freund sein willst.**

Bring Licht ins Dunkel!

Das Wort »Vertrauen« hängt eng mit dem Wort »Treue« zusammen. Einem Menschen, der treu und zuverlässig ist, kannst du vertrauen! Fällt dir jemand ein, auf den das zutrifft?

85

VORSICHT – NICHT STOLPERN!

Sei mutig und stark! Gott verspricht, bei
dir zu sein, egal wo du hingehst.

NACH JOSUA 1,9

Fledermäuse sind sehr interessante Tiere. Wusstest du, dass sie mit den Ohren »sehen« können?

Weil Fledermäuse nachts wach sind, wenn es dunkel ist, erkennen sie mit ihren normalen Augen nicht viel. Deshalb orientieren sie sich mithilfe von Schallwellen, die sie ausstoßen. Ihre großen

Ohren fangen die Wellen wieder auf. So erkennen die Fledermäuse Hindernisse und können einen Zusammenstoß vermeiden.

Manchmal hätten wir auch gerne so einen Radar. Wir wüssten gerne, ob Schwierigkeiten auf uns warten, und würden ihnen am liebsten ausweichen. Damit sind jetzt nicht Schwellen oder Steine gemeint, über die unsere Füße stolpern können. Es gibt noch andere Hindernisse – unsichtbare. Vielleicht ist es Angst vor etwas. Oder Einsamkeit. Oder Unsicherheit.

Es ist gut zu wissen, dass Gott immer an unserer Seite ist. Er hilft uns, mit allen Schwierigkeiten unseres Lebens zurechtzukommen. Du darfst stark und mutig sein, denn Gott ist immer bei dir!

Lieber Gott, ich fühle mich oft eher ängstlich. Aber mit dir an meiner Seite will ich mutig und stark sein!

Bring Licht ins Dunkel!

Manche Leute fürchten sich vor
Fledermäusen, weil sie oft lautlos
im Dunkeln unterwegs sind und uns
Menschen erschrecken können. Aber
Fledermäuse sind sehr nützliche Tiere.
Sie fressen Schädlinge und helfen
so den Landwirten bei ihrer Arbeit.
Außerdem verbreiten sie Pflanzensamen
und bestäuben bestimmte Blüten.

ZEIT ZUM BETEN

Wenn du beten möchtest, geh an einen Ort,
wo du zur Ruhe kommen kannst.

NACH MATTHÄUS 6,6

Wie läuft es ab, wenn du ins Bett gehst? Hast du feste Gewohnheiten – eine Abendroutine? Vielleicht räumst du zuerst deine Spielsachen auf und gehst dann zum Abendessen. Oder vielleicht putzt du dir erst die Zähne und suchst dann ein T-Shirt für den nächsten Tag aus.

In der Bibel lesen wir von Daniel. Er hatte sich bestimmte Zeiten vorgenommen, an denen er zu Gott beten wollte. Es gab Menschen, die das nicht gut fanden. Sie waren neidisch auf Daniel. Deswegen brachten sie den König dazu, dass er ein Gesetz aufstellte, dass nur er allein angebetet werden sollte. Als Daniel trotzdem an seinen Gewohnheiten festhielt und weiterhin zu Gott betete, wurde er zur Strafe in die Löwengrube geworfen. Aber Gott beschützte ihn, sodass er nicht verletzt wurde. Der König war davon so beeindruckt, dass er nun ebenfalls zu Daniels Gott beten wollte.

Lieber Gott, es gibt vieles, was mich ablenken will, wenn ich Bibel lese oder zu dir bete. Hilf mir dabei, mich ganz auf dich zu konzentrieren.

Bring Licht ins Dunkel!

Wenn du betest, kannst du Gott in deinen eigenen Worten alles erzählen. Für manche Menschen ist es aber auch eine Hilfe, wenn sie jeden Abend das gleiche Gebet sprechen. Überleg dir, was du lieber möchtest, und frag deine Eltern, ob sie dir ein paar Abendgebete vorlesen können. Du kannst eines oder mehrere auswendig lernen.

87

NEUE FLÜGEL

Wenn jemand zu Gott gehört, wird er ein neuer Mensch.

NACH 2. KORINTHER 5,17

Welches Tier wird beim Schlafen völlig verwandelt? Der Schmetterling natürlich!

Ein Schmetterling ist zunächst eine dicke Raupe. Diese Raupe schließt sich in einen gemütlichen Kokon ein. Nach ein

paar Wochen kommt ein völlig neues Geschöpf heraus: mit bunten Flügeln und einem schmalen Körper.

Das ist ein schöner Vergleich zu dem, was mit uns passiert, wenn wir als Gottes Freunde leben. Das heißt nicht, dass dir auf einmal Flügel wachsen oder du plötzlich komplett anders aussiehst! Die Veränderung, die hier gemeint ist, betrifft unser Innerstes: unsere Gedanken oder unsere Gefühle.

In unserem Leben gibt es manchmal Dinge, die nicht gut sind. Du magst zum Beispiel ein Mädchen aus der Nachbarschaft nicht besonders und denkst manchmal schlecht über sie.

Gott möchte uns helfen, diese Gedanken zu verändern. Allein schaffen wir das nicht. Aber wir können Gott bitten, unser Herz so zu verändern, dass wir freundliche Gedanken haben.

Lieber Gott, es gibt Dinge in meinem Leben, die nicht so schön sind. Bitte hilf mir, sie mit deiner Hilfe zu verändern.

Bring Licht ins Dunkel!

Ist dir ein Kind oder jemand anderes eingefallen, mit dem du dich gestritten hast? Wie wäre es, wenn du für diese Person ein **Bild malst oder (mithilfe eines Erwachsenen)** etwas Nettes auf eine Karte schreibst?

88

JESUS SCHLÄFT

Obwohl es auf dem See sehr stürmisch war, schlief Jesus.

NACH MATTHÄUS 8,24

Als Jesus, Gottes Sohn, auf der Erde lebte, war er viel unterwegs. Er wanderte durch das Land und erzählte den Menschen von Gott. Viele Menschen versammelten sich um ihn; er tat erstaunliche Wunder und erlebte viele Dinge mit seinen Freunden.

Obwohl Jesus Gottes Sohn war, war er auch wie wir Menschen. Er hatte Hunger, er war traurig, er war erschöpft und müde. Deshalb musste er sich ausruhen. Davon können wir lernen, dass wir auch Zeiten der Ruhe brauchen. Unser Körper muss sich erholen und neue Kraft schöpfen.

Nicht nur, was das Schlafen betrifft, war Jesus ein gutes Beispiel für uns. Er hat uns gezeigt, wie wir leben können, damit Gott sich über uns freut. Er hat sich für andere Menschen Zeit genommen, hat sich um ihre Sorgen gekümmert und ihnen von Gott erzählt.

Lieber Gott, danke, dass ich jetzt ins Bett gehen und mich ausruhen kann. Morgen möchte ich noch mehr von Jesus lernen!

Bring Licht ins Dunkel!

Was kannst du morgen von Jesus lernen?

89

NIEMALS AUFGEBEN!

Wir beten für euch, dass Gott euch seine Kraft
schenkt, dass ihr nicht aufgebt.

NACH KOLOSSER 1,11

In wenigen Nächten kann ein Maulwurf einen Tunnel bauen, der so lang ist wie ein Fußballfeld. Maulwürfe sind fast blinde, flauschige Tiere, die unter der Erde leben. Ihre Vorderpfoten

sehen aus wie Schaufeln. Während du schläfst, graben und graben und graben die Maulwürfe damit ihre Tunnel. Sie geben nie auf, bis ihre unterirdischen Gänge fertig sind.

Hast du in letzter Zeit etwas ausprobiert, das schwerer war als gedacht? Vielleicht übst du gerade, deine Schuhe selber zuzubinden, Fahrrad zu fahren oder ordentlich zu schreiben.

Gott weiß, dass manche Aufgaben für uns nicht leicht sind. Deshalb will er uns seine Kraft, Geduld und Ausdauer schenken. Wenn du aufgeben willst, dann bete: »Lieber Gott, ich schaffe das nicht allein. Bitte hilf mir!« Wahrscheinlich gelingt es dir dann immer noch nicht auf Anhieb, aber Gott hilf dir, weiterzumachen und nicht aufzugeben.

Denke daran: Es geht nicht darum, dass du perfekt bist. Gib dein Bestes. Gib nicht auf. Denk an die Maulwürfe!

Lieber Gott, ich bin enttäuscht, weil ich das immer noch nicht kann: _____ Bitte hilf mir, dass ich nicht aufgebe, sondern immer weiterübe!

Bring Licht ins Dunkel!

Frag einen Erwachsenen: »Wann wolltest du zuletzt aufgeben? Wofür musstest du lange üben? Was hat dir geholfen, nicht aufzugeben?«

90

GOTTES GROSSE FAMILIE – TEIL 1

Von Sonnenaufgang bis Sonnenuntergang
wollen wir Gott loben!

NACH PSALM 113,3

Wo geht die Sonne unter? Im Westen; das weißt du bestimmt schon. Aber wusstest du auch, dass – wenn es bei uns noch taghell ist – an anderen Orten auf der Welt schon

Sonnenuntergang ist? Durch die verschiedenen Zeitzonen gibt es immer irgendwo Menschen, die gerade aufstehen, und welche, die gerade ins Bett gehen. Und immer gibt es irgendwo auf der Welt Menschen, die Loblieder für Gott singen.

In Mexiko oder Spanien sagen die Menschen: »Te quiero, Señor!« statt: »Ich liebe dich, Herr!« Für: »Ich preise Jesus« sagen die Italiener: »Lode a Gesù!« Und auf Englisch sagt man: »Yes, Lord« statt: »Ja, Herr«.

Alle Menschen, die an Gott glauben, sind Teil seiner großen Familie. Gott freut sich über alle seine Kinder – ganz egal, in welcher Sprache sie zu ihm beten oder Lieder für ihn singen.

Lieber Gott, danke, dass ich ein Teil deiner großen Familie sein darf. Es ist toll, überall auf der Welt Brüder und Schwestern zu haben!

Bring Licht ins Dunkel!

Kennst du schon ein paar Länder auf der Welt? Vielleicht warst du sogar schon einmal in einem anderen Land oder kennst jemanden, der dort lebt! Schau in einem Atlas oder auf einem Globus nach, ob du diese Länder finden kannst.

91

GOTTES GROSSE FAMILIE – TEIL 2

Ich sah eine riesige Menschenmenge vor Gottes Thron stehen – Menschen aus allen Völkern und Nationen, sie sprachen alle Sprachen der Welt.

NACH OFFENBARUNG 7,9

Weißt du, was eine Patchwork-Decke ist? Patchwork oder Quilten ist eine bestimmte Art, Sachen zu nähen. Dabei werden viele verschiedene Stoffstücke zusammengefügt und ergeben zusammen ein tolles Muster.

Die große Gottesfamilie ist so ähnlich wie eine riesengroße Patchworkdecke. Wir sind alle verschieden und jeder ist etwas ganz Besonderes. Aber zusammen sind wir noch besser und noch stärker.

Bestimmt kennst du schon eine ganze Menge Leute: deine Familie, deine Verwandten, deine Freunde, deren Eltern, eure Nachbarn ... Aber das alles sind nur ganz wenige Menschen im Vergleich zu den vielen Millionen und Milliarden, die auf der Welt leben! Für uns ist es unvorstellbar, dass Gott jeden Einzelnen davon kennt und liebt. Aber das tut er! Und zusammen sind wir alle sein wunderbares buntes »Menschen-Patchwork«.

Lieber Gott, du hast so viele Menschen erschaffen - und jeder davon ist etwas ganz Besonderes und einzigartig. Wow! Ich danke dir dafür.

Bring Licht ins Dunkel!

Du brauchst: Stoff, Schere, Nadel, Faden. Oder: Papier, Stifte, Schere, Kleber

Bitte einen Erwachsenen, dir dabei zu helfen, aus Stoffstücken eine kleine Patchworkdecke zu nähen. Oder du kannst Papierquadrate in vielen verschiedenen Farben und Mustern anmalen, zusammen-kleben und als Patchworkbild an deine Wand hängen.

92

BLOSS NICHT WEGSCHWIMMEN!

Wir wollen uns an dieser Hoffnung
festhalten: Auf Gott ist Verlass!

NACH HEBRÄER 10,23

Walrösser zählen nicht unbedingt zu den schönen, eleganten Tieren. Diese pummeligen Tiere sind an Land ziemlich unbeholfen. Außerdem sind ihnen ständig diese langen Stoßzähne im Weg.

Nein, das stimmt nicht! Diese Stoßzähne haben eine wichtige

Aufgabe. Wenn ein Walross im Wasser schläft, hakt es sich mit seinen spitzen Zähnen in eine Eisscholle. So verhindert es, dass es abgetrieben oder verletzt wird.

Wenn wir uns um etwas Sorgen machen oder vor etwas Angst haben, beschleicht uns manchmal das Gefühl, als würden wir von Gott wegtreiben. Wir haben zwar nicht so praktische Stoßzähne wie die Walrösser, aber wir können uns auch an Dinge klammern, die uns bei Gott halten.

Wir können anderen Menschen von unseren Sorgen erzählen und sie bitten, für uns zu beten. Wir können Geschichten von Gott lesen oder hören, die uns Mut machen. Wir können Bibelverse aufsagen, die uns versichern: Gott lässt uns nie im Stich. Und wir können schöne Lieder für Gott singen!

Das können Walrösser übrigens nicht. Die Töne, die sie ausstoßen, hören sich für uns Menschen eher schrecklich an. Aber wer weiß? Vielleicht ist es ihre Art, ein Lied für Gott zu singen!

Lieber Gott, ich möchte mich an dir festhalten. Danke, dass ich weiß: Auf dich ist immer Verlass!

Bring Licht ins Dunkel!

Wer oder was hilft dir dabei, dich an Gott festzuhalten?

ANSTECKUNGSGEFAHR

Nehmt euch Gott zum Vorbild. Ihr seid seine Kinder, die er liebt!

NACH EPHESER 5,1

Nilpferde gähnen. Tiger gähnen. Sogar Fische können gähnen! Gähnen ist ansteckend. Das heißt, es überträgt sich von Person zu Person. Wenn du siehst, wie jemand gähnt, fängst du wahrscheinlich auch damit an. Vielleicht gähnst du jetzt auch, nur weil gerade die Rede davon ist!

Wie sich Gähnen in einem Raum voller müder Menschen ausbreiten kann, können sich auch andere Dinge verbreiten. Krankheiten zum Beispiel. Aber wusstest du, dass sich auch schöne Dinge ausbreiten können?

Gute Laune zum Beispiel. Es ist sehr schwierig, in Gesellschaft eines fröhlichen Menschen schlecht gelaunt zu sein! Lachen kann genauso ansteckend sein wie Gähnen. Manchmal lachst du einfach mit, obwohl du gar nicht weißt, worüber die anderen lachen!

Mit Freundlichkeit kann man sich auch anstecken. Wenn einer anfängt, nett zu anderen Menschen zu sein, dann folgen oft die anderen seinem Beispiel.

Lieber Gott, hilf mir, dass ich andere Menschen mit Fröhlichkeit, guter Laune und Freundlichkeit anstecke!

Bring Licht ins Dunkel!

Du kannst es selbst ausprobieren: Gähne herzhaft, wenn du in Gesellschaft von anderen Menschen bist. Wie lange dauert es, bis der Nächste anfängt zu gähnen?

94

STERNSCHNUPPEN

*Der Friede, den Gott schenkt, ist größer als
alles, was wir begreifen können.*

NACH PHILIPPER 4,7

Wwuschhhh! Szzzzz!
Manchmal kann man nachts Lichtfäden über den
Himmel blitzen sehen. Das nennt man Meteorschauer oder
Sternschnuppenschwarm. Das wird verursacht durch viele kleine
Steinchen und Staubteile eines vorbeifliegenden Kometen.

Hattest du schon mal das Gefühl, dass so ein Schwarm in deinem Kopf tobt? Du versuchst zu schlafen, aber Sorgen halten dich wach. Vielleicht beschäftigt dich etwas, das heute am Tag nicht gut gelaufen ist. Dann ist es sehr schwer einzuschlafen.

Gott verspricht, dass er uns seinen Frieden schenkt. Wir dürfen ihm voll und ganz vertrauen. Erzähl Gott von den Dingen, die dich beschäftigen und dich nicht zur Ruhe kommen lassen. Er versteht dich!

Und dann versuch, an die schönen Dinge zu denken, die du heute erlebt hast. Dann kannst du sicher bald entspannt einschlafen.

Lieber Gott, danke, dass du mir immer zuhörst. Ich kann nicht einschlafen, weil meine Gedanken noch immer um diese Dinge kreisen: _____

Bring Licht ins Dunkel!

Gott hört uns zu, wenn wir ihm von unseren Problemen erzählen. Es kann aber auch helfen, mit einem Erwachsenen über dein Problem zu sprechen, z. B. mit deinen Eltern, einem Lehrer oder einer Erzieherin.

95

UPPS!

Ich habe das Ziel noch nicht erreicht und bin
noch nicht vollkommen. Aber ich versuche, mich
zu verbessern, weil ich zu Jesus gehöre.

NACH PHILIPPER 3,12

Leuchtmittel haben eine Aufgabe: Licht ins Dunkel zu bringen. Aber bis das funktioniert hat, war es ein weiter Weg.
Manche Menschen sagen, dass Thomas Edison, der Erfinder
der Glühbirne, fast 9.000 Fehlversuche benötigte, bis es endlich

funktionierte. Doch Thomas Edison hat sich nicht entmutigen lassen, sondern immer weitergemacht, bis es irgendwann geklappt hat.

Manchmal geht auch bei uns etwas schief. Wir machen Fehler, weil wir nicht richtig aufpassen. Oder wir machen etwas falsch, obwohl wir dachten, wir wüssten genau, wie es geht. Oder wir sagen das Falsche, ohne es zu wollen. Jeder macht Fehler – sogar Erwachsene!

Denk daran: Gott liebt dich, wie du bist. Auch wenn dir nicht alles gelingt. Auch wenn dir die Tasse herunterfällt und zerbricht oder du den Schuh an den falschen Fuß ziehst. Auch dann hat dich Gott sehr lieb!

Lieber Gott, das kann ich noch nicht so gut:
_____ Danke, dass du mich liebst, auch wenn mir nicht alles gelingt. Hilf mir, mich nicht entmutigen zu lassen.

Bring Licht ins Dunkel!

Stell dir vor, Thomas Edison hätte irgendwann aufgegeben und nicht die Glühbirne erfunden! Dann säßen wir heute noch im Dunkeln. Fallen dir andere Erfindungen ein, die auch so wichtig sind?

96

GESUCHT – GEFUNDEN

Gott verspricht: Wenn ihr mich sucht,
dann werdet ihr mich finden!

NACH JEREMIA 29,13-14

Pssst! Hörst du das?

Da hüpft ein Hase durch die Wiese, ein Maulwurf gräbt unter der Erde und eine Maus huscht durch das Gras. Wie bitte – du hast gar nichts gehört?

Es gibt Geräusche, die sind für unsere menschlichen Ohren viel zu leise. Aber ein Fuchs hört das. Füchse gehen nachts auf Jagd, weil sie dann ihr exzellentes Gehör nutzen können. Ein Fuchs hört das Fiepsen einer Maus aus 100 Metern Entfernung! Dann muss er nur noch dem Geräusch folgen, um seine Beute zu finden.

Gott verspricht, dass wir ihn auch finden, wenn wir nach ihm suchen. Aber dafür brauchen wir kein außergewöhnliches Gehör oder einen scharfen Blick. Er lässt sich leicht finden!

Aber wo kannst du ihn suchen? Zum Beispiel in der Bibel. Wenn du Geschichten aus der Bibel hörst, lernst du viel darüber, wie Gott ist. Du kannst Gott auch finden, wenn du zu ihm betest oder wenn du anderen Menschen etwas Gutes tust.

Lieber Gott, danke, dass du so einfach zu finden bist. Ich möchte dich immer besser kennenlernen!

Bring Licht ins Dunkel!

Das kannst du morgen mit deinen Freunden spielen: Einem Kind – der Katze – werden die Augen verbunden. Danach setzen sich alle anderen in einen Kreis. Die Katze geht nun den Kreis entlang und sagt zu einem Kind: »Mäuschen, Mäuschen, piep einmal!« Wenn das Katzen-Kind erraten kann, welches Kind das Mäuschen ist, darf es sich setzen.

97

KLEINE REGELKUNDE

Wenn wir Gottes Regeln einhalten, zeigt

das, dass wir Gott kennen.

NACH 1. JOHANNES 2,3

E s ist Zeit für die »Ich-gehe-ins-Bett«-Regeln!
Leg dir das Kissen zurecht.
Mach KEINEN Kopfstand.
Ziehe NICHT die Gummistiefel an.

Diese Regeln sind einfach zu verstehen und zu befolgen. Wenn das nur immer so wäre! Bestimmt gibt es bei euch zu Hause Regeln, die du nicht so gerne befolgst. Warum musst du schon so früh ins Bett? Warum darfst du nicht den ganzen Tag Eis und Schokolade naschen?

Wenn deine Eltern sich Regeln überlegen, dann deshalb, weil sie wollen, dass es dir gut geht (und wenn man nur Schokolade isst, bekommt man sehr schnell Bauchweh!). Es geht aber auch darum, dass ihr als Familie gut zusammenleben wollt. Und da müsst ihr Rücksicht aufeinander nehmen (wenn du sämtliche Eisvorräte auffutterst, bleibt für die anderen nichts übrig).

In der Bibel finden wir verschiedene Regeln, die uns helfen sollen, gut miteinander zu leben und Gott zu achten. Die wichtigste Regel, so sagt Jesus, ist diese: »Liebe deine Mitmenschen so, wie du dich selbst liebst – und liebe Gott von ganzem Herzen.«

Lieber Gott, manchmal finde ich es blöd, Regeln zu befolgen. Hilf mir, mich daran zu erinnern, dass sie sinnvoll sind - na ja, zumindest die meisten.

Bring Licht ins Dunkel!

Gibt es bei euch zu Hause eine Regel, die du nicht verstehst? Dann frag deine Eltern, warum sie das so entschieden haben.

197

WINZIGE GEBETE

Hört nicht auf zu beten.

NACH 1. THESSALONICHER 5,17

Manche Ameisen gehen am Tag ungefähr 250-mal schlafen! Wissenschaftler dachten zunächst, dass Feuerameisen überhaupt nicht schlafen. Aber mittlerweile wissen sie, dass Ameisen

jeden Tag tatsächlich eine Menge Mini-Schläfchen halten. Sie halten kurz inne, manchen einen Power-Nap – und weiter geht's!

Auch wir können hier und da eine Minute unseres Tages nutzen, um mit Jesus zu reden. Du musst dich beim Beten nicht hinsetzen, die Hände falten und die Augen schließen. Das kannst du gerne machen, aber du kannst auch ohne das immer und überall und jederzeit mit Gott reden.

Du kannst beten, wenn du mit deinen Freunden spielst, beim Einkaufen bist, im Garten arbeitest. Brauchst du Hilfe bei einer schwierigen Knobelaufgabe? »Bitte hilf mir, mich zu konzentrieren.« Bist du schlecht gelaunt? Erzähl Gott davon. Bist du aufgeregt, weil es schneit? »Danke, lieber Gott, für die Schneeflocken!«

Selbst wenn du 250-mal am Tag mit Gott redest, freut er sich jedes Mal, wenn du dich bei ihm meldest!

**Lieber Gott, danke, dass du dich
immer freust, von mir zu hören.**

Bring Licht ins Dunkel!

Wofür möchtest du gerne beten?
Was ist dir wichtig?

99

EINFACH EINMALIG

Gott, du hast mich geschaffen, wie ich bin. Im Bauch meiner Mutter hast du mich so gemacht, wie du mich haben wolltest.

NACH PSALM 139,13

Als Wissenschaftler herausfanden, wie Pottwale schlafen, waren sie sehr überrascht. Die meisten Wale machen ihre Nickerchen, während sie auf dem Bauch durch das Wasser treiben. Aber Pottwale schlafen mit ihrem Kopf nach oben – wie große Bowlingkegel, die im Meer schwimmen!

Vielleicht gibt es Dinge, die du anders machst als andere. Alle anderen in deiner Familie sind Rechtshänder, aber du bist Linkshänder. Alle deine Freunde spielen gerne Fußball, aber du liest viel lieber ein Buch. Weißt du was? Es ist okay, anders zu sein! Du bist genau so, wie Gott sich das überlegt hat.

Die Bibel erzählt von Johannes. Er lebte nicht in einem Haus, sondern unter freiem Himmel. Er trug keine normale Kleidung, sondern Umhänge aus Kamelhaaren. Er aß kein Brot oder Fleisch, sondern Heuschrecken und Honig. Aber er war ein Freund von Jesus! Und Jesus mochte ihn sehr.

Wenn alle Menschen gleich wären, wäre die Welt ein langweiliger Ort. Aber Gott hat uns alle irgendwie besonders gemacht. Er erschafft nie zwei genau gleiche Menschen. Dich gibt es nur einmal!

Lieber Gott, ich weiß, dass ich anders als andere bin, weil _____. Danke, dass du mich so besonders gemacht hast!

Bring Licht ins Dunkel!

Denk an drei Menschen, die du gerne magst. Was ist das Besondere an ihnen? Erzähl ihnen morgen, weshalb du sie so toll findest!

ENDE GUT, ALLES GUT

Gott wird bei den Menschen sein und ihre Tränen trocknen.
Es wird keine traurigen Dinge mehr geben: keinen Streit,
keine Angst, keine Krankheiten und keinen Tod.

NACH OFFENBARUNG 21,3–4

Herzlichen Glückwunsch! Du hast es bis zum Ende des Andachtsbuches geschafft. Welche Andacht hat dir am besten gefallen?

Jedes Buch ist irgendwann zu Ende – auch die Bibel. Dort heißt der letzte Abschnitt »Offenbarung«. Darin steht vieles, das schwer zu verstehen ist (sogar für Erwachsene). Aber eines ist klar: Irgendwann werden alle, die Gottes Freunde sind, bei ihm

sein. Dann wird Gott eine neue Welt schaffen, in der es nichts mehr gibt, was uns traurig macht oder Angst einjagt. Alles wird vollkommen und perfekt sein.

Bist du schon Gottes Freund oder Freundin? Magst du ihm sagen, dass du von jetzt an mit ihm leben möchtest? Darüber freut sich Gott. Er möchte dir gerne das vergeben, wenn du etwas getan hast, was nicht gut war. Er will dir helfen, freundlich zu anderen zu sein. Und er freut sich schon sehr, dich eines Tages im Himmel zu sehen!

Lieber Gott, ich danke dir, dass du mir die Dinge vergibst, die in meinem Leben nicht gut sind. Ich weiß, dass du mein Freund sein willst. Das möchte ich auch! Ich möchte mit dir leben.

Bring Licht ins Dunkel!

Du brauchst: Blumentopf, Pflanze

Frage deine Eltern, ob du im Garten, auf dem Balkon oder dem Fensterbrett einen Topf mit einer blühenden Pflanze, z. B. einer Sonnenblume, aufstellen kannst. Vielleicht lockst du damit Insekten oder Schmetterlinge an! Das erinnert dich daran: Gott hat die Welt schön gemacht und sorgt für alle seine Geschöpfe, auch für dich! Und das gilt für immer ...

INHALT